浦和ACL戦記

2017.11.25 埼スタに再び浮かび上がった巨星

REDS PRESS／エル・ゴラッソ

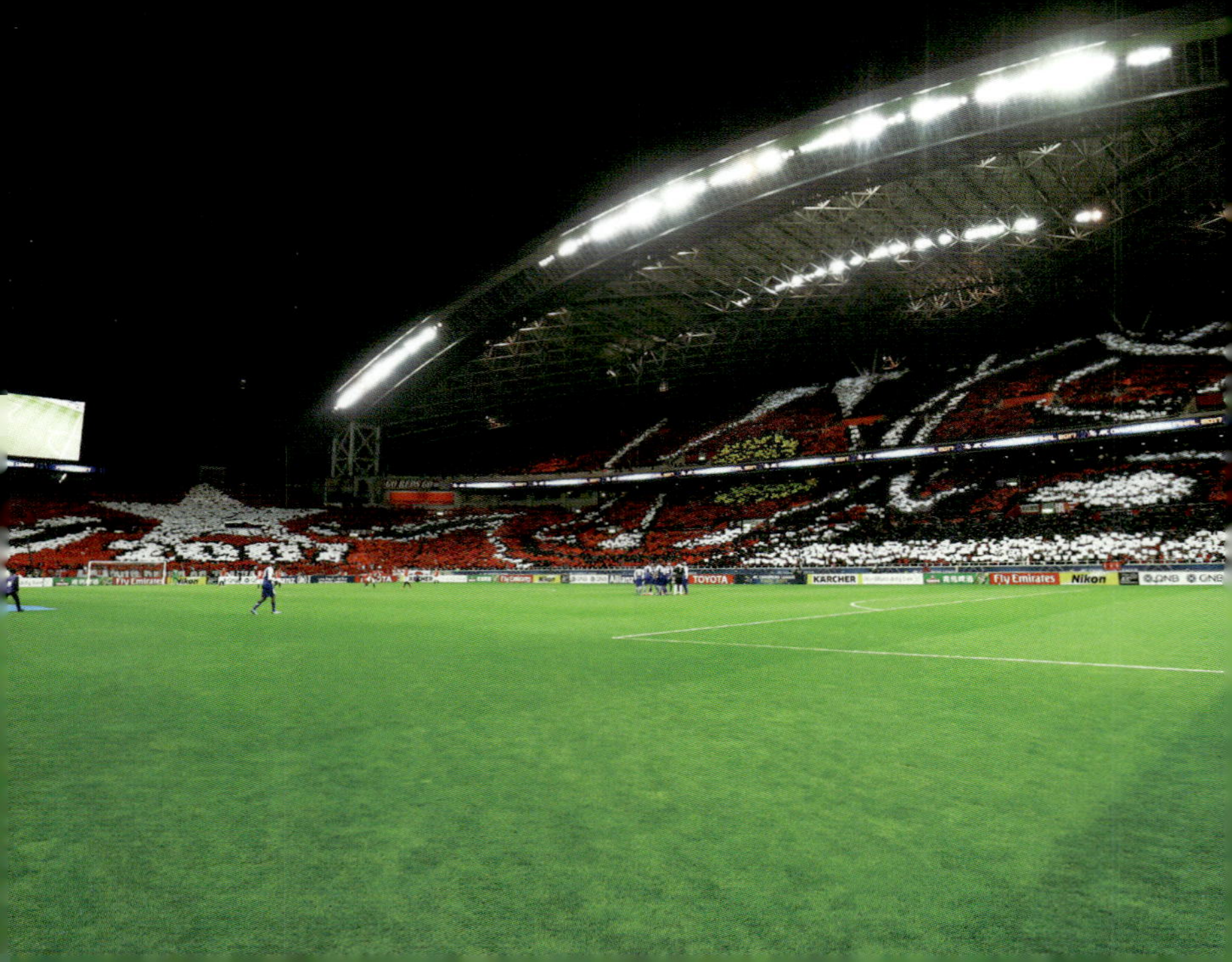

For the GLORY
ASIAN CHAMPIONS

10年ぶりのアジア制覇を勝ち取ったサポーターと
© Norio ROKUKAWA

GS第5戦・ウェスタン・シドニー・ワンダラーズ戦。
6-1での大勝の号砲となった関根貴大の先制点
© Norio ROKUKAWA

ゴールの喜びを共有するラファエル・シルバ(左)と李忠成
© Norio ROKUKAWA

ラウンド16第2戦・済州戦。
2戦合計2-2とするゴールを決めた李忠成
© Atsushi TOKUMARU

ラウンド16逆転突破を導く森脇良太のゴール
© Atsushi TOKUMARU

森脇良太のゴールに
チームメートが駆け寄る
© Atsushi TOKUMARU

準々決勝第1戦・川崎F戦。
この武藤雄樹のアウェイゴールが
第2戦での大逆転につながった
© Norio ROKUKAWA

興梠慎三のゴールが
川崎Fを4-1で敗る口火を切った
© Atsushi TOKUMARU

準決勝第1戦・上海上港戦での試合前コレオ
© Atsushi TOKUMARU

フッキとマッチアップする槙野智章
© Atsushi TOKUMARU

決勝進出を決め、『We Are Diamonds！』の大合唱
© Atsushi TOKUMARU

決勝第2戦・アル・ヒラル戦に臨む阿部勇樹
© Atsushi TOKUMARU

試合中は厳しいマークにあった柏木陽介
© Atsushi TOKUMARU

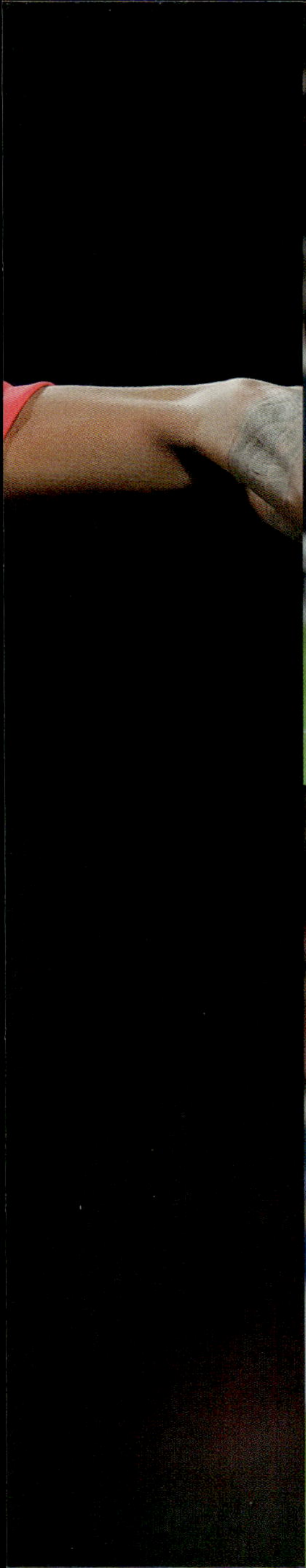

終了間際の88分にラファエル・シルバが
優勝を決定付けるゴールを奪う

ラファエル・シルバ、渾身のガッツポーズ！
© Norio ROKUKAWA

試合終盤。サポーターも勝利を祈る
© Atsushi TOKUMARU

遠藤航がサイドでボールをキープし、
時計の針を進める
© Atsushi TOKUMARU

アジア制覇の瞬間。喜びがはじける
© Atsushi TOKUMARU

「一番欲しかったタイトル」。
興梠慎三が待ち望んだACL制覇
© Norio ROKUKAWA

MITSUBISHI HEAVY INDUSTRIES
9
MITSUBISHI HEAVY INDUSTRIES
5
9

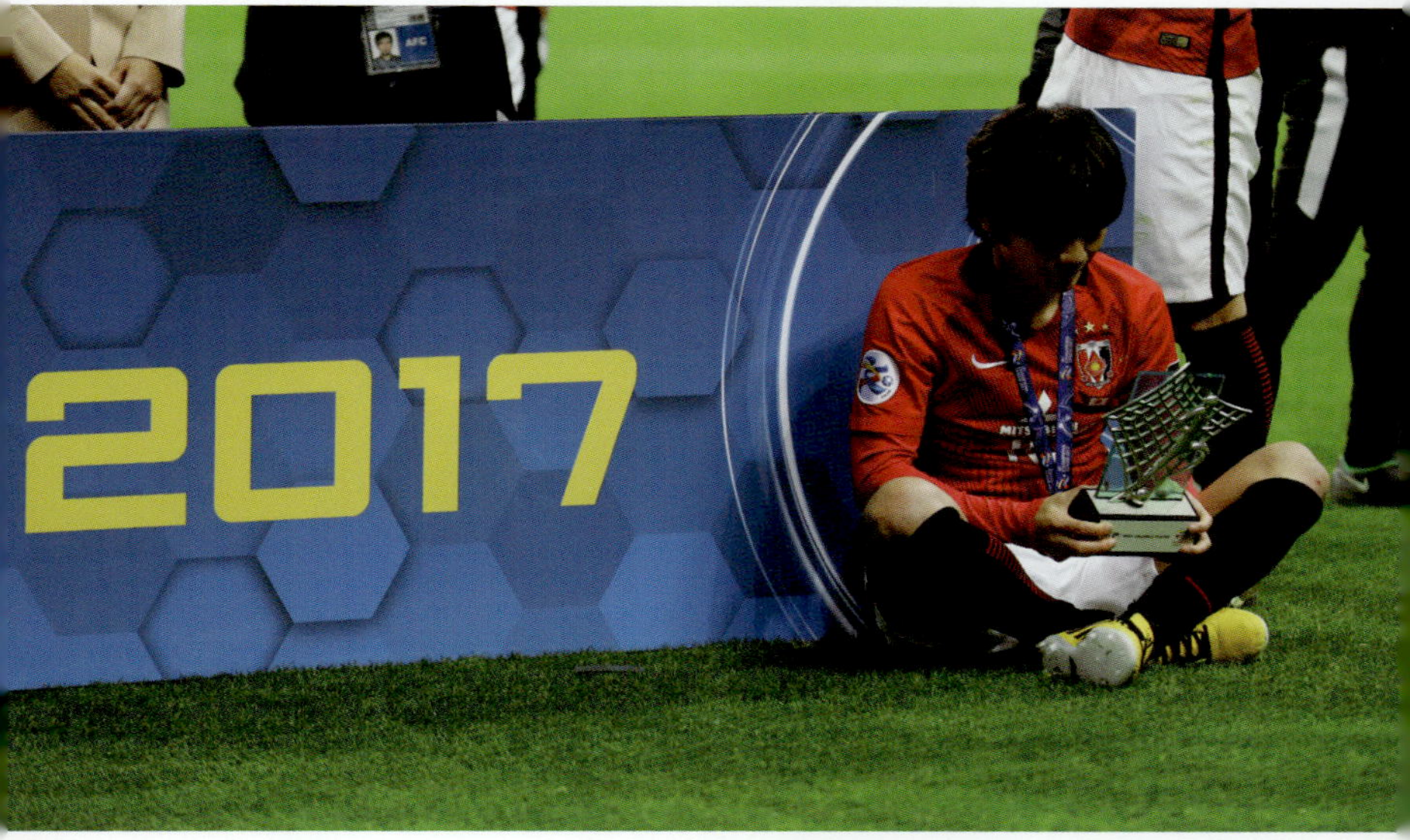

ACLのMVPトロフィーを眺めながら余韻に浸る柏木陽介
© Atsushi TOKUMARU

プロローグ

prologue

アジア制覇、再び。異質の軌跡

浦和レッズが二度目のアジア制覇を成し遂げた２０１７年11月25日までの歩み。
そこから見えたモノがある。

強い勝利への執念だ。浦和レッズがアジア最高峰の舞台で、クラブ史上二度目の歓喜を味わうことができたのは、どんな相手も寄せ付けない、頂点に輝くにふさわしい勝利への執念を持ち合わせていたからにほかならない。

ただ、強さを手に入れるまでには大きな代償があった。

16年、彼らはどん底を見た。34試合のリーグ戦で勝ち点74を重ねながらも、長丁

場の戦いから見れば、チャンピオンシップの戦いはわずか180分。だが、大きな180分の戦いに敗れ、シャーレに触れることを許されなかった。

足りなかったのは技術か、気持ちか、それとも……。

沖縄で迎えた17年。ペトロヴィッチ監督は「より相手コートでゲームを進める戦い方を目指す」と宣言した。いま思えば、積み上げる数字とともに浦和レッズの強さを証明する1年にしたかったのかもしれない。しかし、現実は厳しかった。研究され尽くした国内リーグでは攻め急ぎがカウンターを食らう原因となり、失点を重ねた。そして夏、父のように慕った指揮官と別の道を進むことを余儀なくされた。

しかし、心が押しつぶされそうな痛みを味わった中で、もう一つの「AFCチャンピオンズリーグ優勝」という揺るがない目標は、監督交代という憂き目にあった選手をもう一度踏ん張らせ、ファン・サポーターとの絆をより強くし、苦境に次ぐ苦境を乗り越えるエネルギーに変えた。

浦和レッズは、過去の経験から耐えることを学んだ。屈強な相手にも臆せずに立ち向かい、こう着した戦いではグッと我慢をし続けた。何度、体をぶつけられよう

とも、足を削られようとも立ち上がり、すぐにゴールを目指した。

すべては、勝利への執念――。

この本は、浦和レッズがグループステージから決勝までを戦い抜いたＡＣＬ２０１７の全14試合を振り返る一冊である。各試合のデータや写真、選手が発した言葉や分析はもちろんのこと、クラブに関わるすべての人が、目の前の一戦に勝つために注力したことは何なのか。初めて浦和レッズがアジアの頂点に立った10年前との違いはどこにあったかを探る。

埼スタが初めて歓喜に沸いた07年のＡＣＬ優勝を知るＯＢ選手や、サポーターの想いをそれぞれの立場で受け止めたクラブ関係者へのインタビューを交えながら、ホーム埼玉スタジアム２００２に再びうれし涙が流れた夜までの日々を追っていこう。

この確認作業を終えたとき、浦和レッズの2度目のＡＣＬ制覇が決して偶然や驚きだけで成し遂げられたものではないと感じていただけるだろう。

２０１８年2月　有賀 久子（ＲＥＤＳ ＰＲＥＳＳ）

contents

第1章

アジアを席巻。
浦和の攻撃サッカー

―― ACL2017・グループステージ編

GS1

2017.2.21

away in Sydney

vs Western Sydney Wanderers

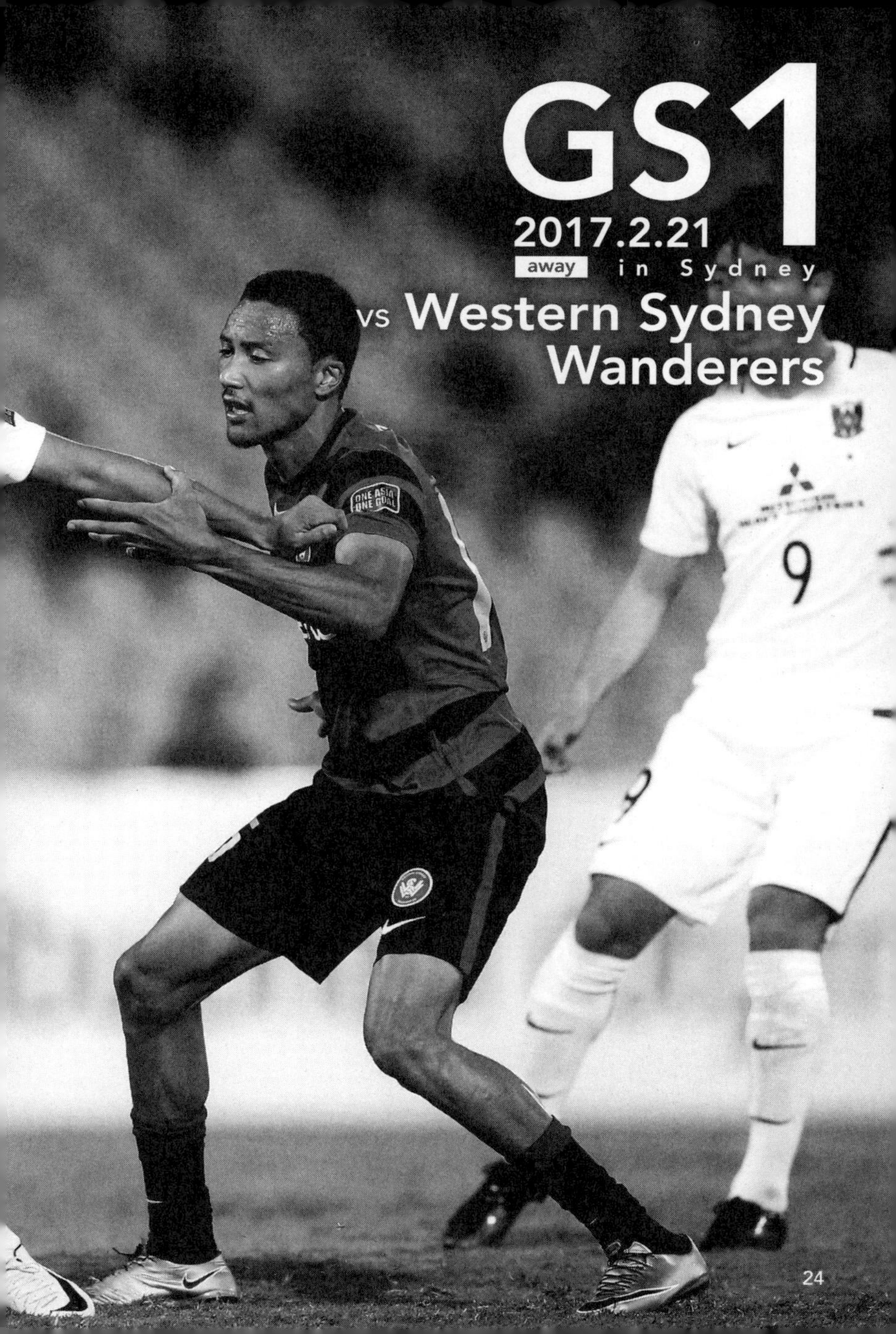

ACL グループステージ第1節 2017.2.21（火）
キャンベルタウン スポーツスタジアム／5,590人
主審：ラフシャン イルマトフ（UZB）天気：晴 気温：21.0℃

Wシドニー 0 0-0 0-4 4 浦和

得点（浦）56'興梠 58'李 68'槙野 86'シルバ
交代 70'武藤▶シルバ 79'青木▶那須 85'興梠▶矢島

メンバー			EG採点
GK	1	西川 周作	6
DF	5	槙野 智章	6.5
DF	6	遠藤 航	6.5
DF	46	森脇 良太	6.5
MF	3	宇賀神 友弥	6.5
MF	16	青木 拓矢	6.5
MF	22	阿部 勇樹	6
MF	24	関根 貴大	5.5
FW	9	武藤 雄樹	6
FW	20	李 忠成	7
FW	30	興梠 慎三	7
DF	4	那須 大亮	-
MF	39	矢島 慎也	-
FW	8	ラファエル シルバ	6.5
監督		ミハイロ ペトロヴィッチ	6.5
SUB		GK 榎本 MF 長澤 MF 菊池 FW オナイウ	

**2017年のACL初戦は、
敵地でウェスタン・シドニー・ワンダラーズとの戦いとなった。
得点こそ奪えなかったものの
主導権を握って前半を折り返すと、
後半に攻撃が爆発。興梠の先制点を皮切りに大量4ゴール。
守っても完封と、最高のスタートを切った。**

Point of the game

ポイント

番記者が勝敗の分かれ目などを
振り返ります。

前半の辛抱と、後半のゴールラッシュ

焦れて攻めることなく慎重に

確かになかなか得点できない時間帯が続いた。ただ、得点はできずとも失点をせずに前半を終え、それが後半の大量得点につながった。

前半はサイド攻撃を多用する。スカウティングから選手たちには伝えられていたようだが、「真ん中が空いていなかった」（興梠慎三）。そのため、ボールを動かしながらのサイドチェンジはもちろん、ロングフィードも使いながらサイドからの攻略を狙った。クロスやラストパス、シュートの精度を欠いて得点を奪えなかったが、遠藤航が「ボールを持っている時間帯のカウンターが一番危ないと思っていた」と話したように、焦れて攻め急ぐことなく慎重に戦った。

そして56分に待望の先制点が生まれる。李忠成が中央で相手を引きつけてラストパス。

そして完璧なファーストタッチで裏に抜け出した興梠がゴールを決めた。その2分後には相手のクリアボールを拾った青木拓矢が左サイドに展開し、興梠の浮き球のパスを李が得意のボレーシュートで沈める。さらに68分にはＣＫから槙野智章、終了間際の86分には途中出場のラファエル・シルバが加入後初公式戦初出場で初ゴールを決めた。

「前半は非常に勢いがあるチームだと思ったけど、後半は必ず落ちてくると。自分たちが考えたとおりの展開になった」と槙野は話した。ラファエル・シルバも自らのゴールを振り返り、「前半に相手のアグレッシブな守備をかわすことができて、コレクトに仕事をできたからこそだと思うけど、相手のディフェンスラインは疲れていた」と自らがピッチに入るまで戦っていたチームメートに感謝した。

敵地でのＡＣＬ初戦勝利は初めて

ＡＣＬ初戦での勝利。浦和レッズがグループステージ初戦をアウェイで戦ったのは三度目だが、勝利を収めたのは初めてのこと。そして初戦で勝利を収めた２００７年、２０１６年はいずれもグループステージを突破している。先がどうなるかは分からないが、少なくとも理想的なスタートを切ったことは間違いない。

（菊地 正典）

Comment after game

コメント

20 LEE Tadanari

“ACL初戦はチームの1年間のスケジュールが変わってくるような大事な試合なので、絶対に落としたくなかった。2011年のアジアカップのオーストラリア戦で、ボレーシュートで点を取れたように、**今日もボレーシュートで決められたこと**をとてもうれしく思う。”

——李 忠成

“**砂漠の上を走っているみたい**だった。芝だったり、ボールだったり、いろいろ環境も違った。もうちょっとやれる自信があったけど、全然良くなかった。試合の入りはそんなに気にならなかったけど、前半15分、20分過ぎてからしんどくなった。自分もあまりうまく抜けなかったし、そこからどんどん下がっていってしまった。”

——関根 貴大

SEKINE Takahiro 24

“前半は相手が非常に勢いのあるチームだと思ったけど、後半は必ず落ちてくると。**自分たちが考えたとおりの展開**になった。もちろん焦れずに前半からボールを動かし続けたことが後半の複数得点につながったと思う。(得点シーンは) 公式戦1試合目で決められて良かったし、勢いに乗っていけそう。”

——槙野 智章

5 MAKINO Tomoaki

KOROKI Shinzo 30

“真ん中が全然空いていなかった。スカウティングでも真ん中が空かない、ということだったから、なるべくサイドから崩そうとした。ただ、サイドまで行くのは良かったけどそこからの精度がなかなか。関根も抜けなかったし、抜いたとしてもセンタリングを上げるのではなくて中にドリブルしてワンツーとかが効果的なのかなと思った。でもアウェイで4点決められて勝てたのは良かった。先制点は**ファーストタッチがうまくいったので冷静に決めるだけだった**し、決められて良かった。”

―― 興梠 慎三

“大会の初戦をポジティブな形で終わらせることができて良かった。前半に相手のアグレッシブな守備をかわすことができて、コレクトに仕事をできたからこそだと思う。相手のディフェンスラインは疲れていて、ボールを奪ってからのカウンターのシーンだったけど、（矢島）慎也からワンツーが来て、**裏に対するボールでうまくスペースを突くことができた**ので、それをそのまましっかりゴールに入れた。”

―― ラファエル シルバ

8 Rafael Silva

Analysis of the game

ツヅキック

浦和レッズで活躍された元日本代表GK
都築龍太さんが試合を解説！

サイドが起点となり、やりやすい展開に

前半は宇賀神選手がポイント

内容も結果もとても良かった。相手がレッズにとってやりやすいサッカーをしてくれたように思う。レッズは後ろからビルドアップして、中盤に当てて、前を向いて、という部分が一番の強みで、この試合ではそれが8割ぐらい成功した。中盤であれだけ前を向けたのはレッズにとってはラクだった。

前半は確実に宇賀神友弥選手がポイントだった。左サイドに良い流れでつなげたことで、決定的なチャンスの数はあまり多くなかったけど、相手を揺さぶって惜しいチャンスや形を作れていた。相手が最終ラインで守る形だったのか、中盤のプレスがうまく行かなかったのか…。この試合に関してはレッズがやりやすい守備の仕方をしてくれた。

そういう意味では、前半は0対0だったけど、レッズが主導権を握っていた。守備については、決定的ではないにせよ危ない場面が何回かあったが、体を張って最終的なところをつぶせており、非常に良かったと思う。

特に前半、左サイドの宇賀神が効いていた

前線からの守備が良かった

後半も試合の流れは同じような感じで、右サイドも起点になることができた。関根貴大選手がクロスをけっこう上げていたし、何回もチャンスを作った。そして、中盤で良い奪い方をして、パス2本で興梠慎三選手が先制ゴールを取った。最後は李選手と2人の関係だった。あの時間帯に点が入ったことはレッズをラクにした。

2分後に李忠成選手が追加点を取ると、試合はレッズのペースとなり、ボールを動かしながらしっかりと時間を使えたことが大きかった。セットプレーでも点が取れたし、新加入のラファエル・シルバ選手もゴールを決めた。レッズにとっては良いことずくめで帰ってきたと思う。

ゲーム全体では、ボールのコースの切り方など、前線からの守備が良かった。特に李選手。献身的に相手が持っているときにチェイスしていたし、コースを限定して相手のパスを誘導していた。チームとしてもこのサッカーが続けばとても良いと思う。

Away Column

エルゴラッソ番記者のアウェイ戦記

感じの良い接客のおじさん、でも、違う。そうじゃない

16年のシドニーFC戦とは違い、今回は郊外のキャンベルタウン。しかもスタジアム付近のホテルに宿泊したところ、日本で言えば地方都市の国道沿いといった風情で、広大な土地に大きなファーストフード店が点在していた。オーストラリアは物価が高い。マクドナルドもメニューによってはセットで千円以上する。感覚としては日本の倍ぐらいだろうか。

試合翌日、観光できるほどの余裕はなかったけれど、ホテルの近くにあったフーターズ（写真）に行くことにした。フーターズと言えば、ご存知フーターズガールである。本

2017.2.22 in Sydney

場はアメリカで、日本にも何店かあるが、地元ガールの雰囲気を感じてみたいという、けしからぬ理由である。

店内に入ってみると、入り口で無数のフーターズガールの写真がお出迎え。その写真から伝わる、パーティーピーポー感。期待と不安を抱えながらもう一つのドアを開けた。

中にはおじさんが二人。客は一人もいない。準備中かと思ったが、掃除しているおじさんとは別のおじさんが笑顔で席に案内してくれた。とても良い人そうだ。だが、そうじゃない。

だからと言って帰るわけにもいかないので、ビールとオージービーフのステーキ（写真）を注文。おじさんはやはり笑顔でビールを持ってきてくれた。だが、そうじゃない。ステーキもおいしかった。だが、そうじゃない。

結局、おじさん二人と僕しかいない店内でプレミアリーグの中継を見て、五千円ほど払っただけだった。

オーストラリア連邦（豪州）

首都 キャンベラ
面積 769万2,024km^2（日本の約20倍）
人口 約2,413万人　**言語** 英語

大都市シドニー。しかし首都にあらず

シドニーは豪州東南部にある都市で、同国最大の人口を誇る。首都ではないが、2000年に夏季五輪が開催され、その後も開発、発展している国際的な都市だ。海辺に立つモダンなオペラハウスが有名で、観光名所となっている。

日本との時差：＋1時間
東京からの距離：約7,835km
（飛行機で約9時間30分）

GS 2

2017.2.28

home in Saitama

vs FC Seoul

ACL グループステージ 第2節 2017.2.28（火）
埼玉スタジアム2002／18,727人
主審:リュウ クォックマン（HKG） 天気:晴 気温:7.7℃

浦　和	5	5-1 0-1	2	FCソウル

得点 （浦）9'武藤 11'李 15'関根 21'宇賀神 45'駒井
（ソ）14'パク・チュヨン 90+2'ダムヤノビッチ

交代 66'興梠▶シルバ 75'駒井▶長澤 78'李▶ズラタン

メンバー			EG採点
GK	1	西川 周作	6
DF	4	那須 大亮	6
DF	5	槙野 智章	6
DF	46	森脇 良太	5.5
MF	3	宇賀神 友弥	6.5
MF	9	武藤 雄樹	7
MF	16	青木 拓矢	6
MF	18	駒井 善成	6.5
MF	20	李 忠成	7.5
MF	24	関根 貴大	6.5
FW	30	興梠 慎三	7
MF	15	長澤 和輝	6
FW	21	ズラタン	-
FW	8	ラファエル シルバ	6.5
監督		ミハイロ ペトロヴィッチ	6.5
SUB		GK 榎本 DF 遠藤 MF 菊池 MF 矢島	

アウェイでの初戦を4対0で完勝し、
ホームで迎えたグループステージ第2戦はFCソウルとの一戦。
リーグ戦から中2日、柏木陽介の欠場もあり、
先発を入れ替え臨んだゲームとなったが、
終わってみれば5得点を挙げて、2連勝を飾った。

Point of the game
ポイント
番記者が勝敗の分かれ目などを振り返ります。

前半のうちに一挙5得点 ただ、試合をうまく締められず

心理戦の結果、フタを開けてみれば3バック

4バック相手に、ミハイロ・ペトロヴィッチ監督は3バックで臨んだ。3バックにあえて触れたのは、前日の公式練習で宇賀神友弥を加えた4バックを試していたからだ。さらに右に駒井善成、左に関根貴大を置いて練習を行ったため、結果的に先発メンバーは前日練習と同じだったが、キックオフまで3バックか4バックかは分からない状態だった。

実際には、森脇良太、那須大亮、槙野智章の3バックに、駒井と青木拓矢のボランチ、右に関根、左に宇賀神、前線3枚は「KLM」という形だった。複数のポジションでプレーできる選手を数多く抱えるレッズらしい心理戦が、試合前から繰り広げられていた。

さて、試合のほうは、FCソウル相手に厳しい戦いが予想されたが、前半で勝利を決定づけるだけのゴールラッシュが見られた。浦和の攻撃陣には自由に動くだけのスペー

スが与えられ、9分の武藤雄樹の先制点を皮切りに、李忠成の2試合連続ゴール、関根、宇賀神と続き、前半終了間際には駒井が移籍後初得点。5対1と大きくリードを奪って、ハーフタイムへ入った。

奪えなかった追加点。後味の悪い終わり方

後半の序盤、選手交代でテコ入れしたFCソウルに主導権を握られる場面もあったが、浦和もラファエル・シルバ、長澤和輝、ズラタンと攻撃的な選手を投入し、少し自陣に重たくなっていたバランスを引き戻す。ただし、試合後に選手らが「後半にも得点を奪いメンタル面でたたきのめす必要があった」と反省したとおり、追加点は奪えず。また、アディショナルタイムに失点を与え、さらに失点後にもポスト直撃のシュートを浴びるなど、5対2で勝利を収めたものの、試合を締めるという点では甘さ、課題を残した。

試合を終えて、あらためてメンバー表を見てみれば、阿部勇樹をベンチにも据えず、柏木陽介も欠いた。その中でも、起用法によっては4バックも可能だったように、複数の選択肢を持って試合に挑めるチームであることが感じられた。また、得点者が5ゴールすべて異なるという形で2連勝を飾れたことも、大きな収穫となった。（有賀 久子）

Comment after game

コメント

20 LEE Tadanari

“まずは個人的に**ACL2試合連続でMVP**。チームとしては点を取るべきところでしっかりと取り、レッズらしいコレクトなゲームができ、結果がしっかりとついてきた試合だった。”

—— 李 忠成

“**最後の失点はチームの課題**だと思う。試合を締めるところできっちり締めることは、たくさんの経験をしている。勝ったから良いが、反省点もあった試合だ。”

—— 西川 周作

1 NISHIKAWA Shusaku

“アシストもだし、点を取ったシーンも中に入っていた。昨季、あまり自分ができなかったプレーで、結果につながって良かった。基本的にワイドにいるが、流れで中へ入っている。ただ、そのときのクオリティーはもっと上げる必要がある。今日はこういう展開の中で気持ち良くプレーできて、自分もそれなりのプレーはできたが、最後の失点の場面は自分が**ボールウォッチャーになり、相手に抜かれてしまった**。反省しなければいけない。”

—— 関根 貴大

SEKINE Takahiro 24

4
NASU Daisuke

良い形で点を取り、前半は特に出足も良く、球際でも勝っていた。みんな、気持ちが入った中で、点を取ることができた。前半の失点はFKでやられたが、気持ちを切らすことなく、その後も追加点を取って、良い形で後半を迎えられた。後半もチャンスがあっただけに、それを決められたら、相手のメンタルをたたき折れたのではないかと思う。最後の失点はもったいない。**今後、僅差の戦いであれば致命的**になる。

―― 那須 大亮

ワイドのポジションで90分出続けるのはしんどいが、それだけ**信頼して使ってもらえていると思う**し、自分もプレーの部分で手ごたえがあるからこそ、交代もされないと思う。今までACLと並行して出るときには休むこともあったが、自信にもつながっているし、プラスでしかない。得点は難しいボールだったが、うまく合わせられたと思う。

―― 宇賀神 友弥

3
UGAJIN Tomoya

チームとして規律ある中でプレーできた。5点取り、ホームで勝てて良かった。リーグ開幕戦に負けて守備の反省点があり、今日も2失点。まだ課題はある。ゴールはうれしい。もっと**勝利に貢献する得点を取っていきたい**。

―― 駒井 善成

18
KOMAI Yoshiaki

Analysis of the game

ツヅキック

浦和レッズで活躍された元日本代表GK
都築龍太さんが試合を解説！

得点シーンだけは素晴らしかった

どうしたＦＣソウル？相手に助けられた

5対2は良いスコアだったが、ＦＣソウルに助けられたかなと思う。レッズの攻撃に戸惑ったのか、単純にコミュニケーションが悪かったのかは分からないが、試合を通してひどかった。本当に「ＦＣソウルどうした？」という試合だった。レッズがプレッシャーを掛ける前にミスをしてくれていたので、レッズの守備が最後の最後で体を張っていたところもあったが、全体的にはそんなに激しいことはなかった。レッズはそこをうまく突けた。ただ、試合全体を見ても中盤でのビルドアップがなく、点を取ったシーンは素晴らしかったが、崩しの形はそれほどなかった。

得点シーンのボールの奪い方では、特に駒井善成選手が効いていた。彼は運動量も一番多かったと思う。フィニッシュはレッズの得意技。李忠成選手の得点シーンも、武藤雄樹選手が斜めに動いてスペースを作って、李選手は1歩下がるだけで良かった。ああいう連係は良かった。

レッズはこれが良いサッカーだとは感じていないと思う。1失点目

この試合、駒井の豊富な運動量が際立った

のFKは仕方ないけど、2失点目はセカンドラインが空いてしまった。この試合展開なら仕方ない部分もあるが、修正しないといけない。ボールに集中しながらも中にしっかりつかないといけないし、逆サイドは見えているはずなので指示を出さないといけない。レッズは攻撃的に行く分、リスクはあるので、試合がどんな展開だったとしても意識したほうが良い場面だ。

最後の失点の場面、同じ形でやられている

全体としては、点差が開いても緩んだ感じはしなかった。攻撃ではかなり数的優位を作れていた。マークを外すこともシンプルにできていたし、1点差に迫られた中での関根貴大選手の3点目が試合のポイントだった。FCソウルの守備が甘かったとはいえ、中央をうまく突くことができた。最後の失点は、同じ形でやられているから修正しないといけない。ただ、そこは僕が言うより選手のほうが分かっていると思う。これからの試合で修正してくれるだろう。

GS3

2017.3.15

away in Shanghai

vs Shanghai SIPG FC

ACL グループステージ 第3節 2017.3.15（水）
上海体育場／35,333人
主審：ファハド・アルミルダシ（KSA） 天気：晴時々曇 気温：10℃

上海上港 3 2-0 1-2 2 浦　和

得点 （上）10'シー・クー 45+1'エウケソン 52'フッキ
（浦）73'シルバ（PK） 84'遠藤

交代 HTズラタン▶シルバ HT青木▶柏木 65'李▶武藤

メンバー			EG採点
GK	1	西川 周作	4.5
DF	46	森脇 良太	5.5
DF	6	遠藤 航	5.5
DF	5	槙野 智章	5.5
MF	18	駒井 善成	5.5
MF	16	青木 拓矢	5
MF	22	阿部 勇樹	5.5
MF	3	宇賀神 友弥	5.5
FW	20	李 忠成	5.5
FW	30	興梠 慎三	5
FW	21	ズラタン	5
MF	10	柏木 陽介	6.5
FW	8	ラファエル シルバ	6.5
FW	9	武藤 雄樹	6
監督		ミハイロ ペトロヴィッチ	5.5
SUB		GK 榎本 DF 田村 DF 那須 MF 菊池	

2連勝同士で迎えたグループステージ第3戦。
上海上港とのアウェイゲームは3点のリードを許す苦しい展開に。
粘るレッズはラファエル・シルバと遠藤航のゴールで
1点差に猛追するも最後は一歩及ばず。
初黒星を喫し、上海上港にグループ首位の座を譲りわたした。

Point of the game

ポイント

番記者が勝敗の分かれ目などを振り返ります。

ブラジル人トリオの強烈な〝個〟それでも悔やまれる不運な失点

ビルドアップがままならずに、前線にボールが入らず

前半の2失点が痛かった。確かにフッキ、オスカル、エウケソンのブラジル人トリオは強烈だった。しかし、10分と早い時間帯に喫した失点は、フッキのFKを阿部勇樹がはね返したボールが、中国人選手にたまたま当たってゴールに吸い込まれた不運な形。2失点目は西川周作がエリア外に飛び出すまでは良かったが、キックが相手にわたり、ポジションに戻る前にエウケソンにボールを流し込まれてしまった。

ミハイロ・ペトロヴィッチ監督が「少しボールをつなぐのを怖がった」と言えば、前半は外から試合を見ていた武藤雄樹が「もう少しつなげたかなと思う」と言ったように、相手の圧力があったことは確かだ。本来のビルドアップができず、前線にボールが入らなかった。後半早々、フッキに個人技でゴールをねじ込まれるも、相手の運動量が落ち

てスペースができ始めると、サイドを突きながら攻撃を展開。そして右サイドを完全に抜け出した駒井善成のパスを受けたラファエル・シルバがPKを獲得すると、上海上港サポーターの強烈なブーイングを受けながらも自ら冷静に決めて1対3に。さらに84分には途中出場の柏木陽介のCKから最後は遠藤航が決め、1点差に追いすがった。

後半は戦えていただけに、前半の2失点が痛かった。1失点目はほぼアクシデント、2失点目もエウケソンのシュートは正確だったが、発端はミス。上海上港のブラジル人トリオに強烈な個の力を見せつけられながらも、失点の直接の原因ではなかっただけに、もったいなかったと言わざるを得ない。

いまだ突破圏。何も決まっていない

ただ、この試合で何かが決まったわけではない。3連勝の上海上港に首位の座を譲ったが、浦和も依然としてグループステージ突破圏内の2位であり、個の力を肌で体感できたことは、次の上海上港戦に向けてプラスに働くだろう。連敗すれば、ウェスタン・シドニー・ワンダラーズに勝ち点で並ばれる可能性があることを肝に銘じつつ、今回の反省を生かして1カ月後には違った戦いを見せたい。

（菊地 正典）

Comment after game

コメント

10 KASHIWAGI Yosuke

うまくいかなかった部分もあるし、相手の前線の破壊力はすごかったので、そこを反省して次に向かえたらと思う。0対3から2点取れたことをポジティブに捉えたい。後半からの出場で、ボールを落ち着かせることが仕事だと思ったので、しっかり**ボールを受けて、はたいて、また出ていって、ということを心がけた**。久しぶりの出場でまだフィーリングが良くないところがあるので、少しずつ上げてより良い状態にしたいと思う。

―― 柏木 陽介

0対3で負けるよりは、2点取れたことで次の試合につながっていくと思う。失点をせずに進めていこうと話していた中、セットプレーで失点してしまった。アンラッキーな形で、みんな少し気持ちが揺れてしまった。もう少しつなげたとも思うし、全体的にあまり良くはなかった。失点ゼロで進められれば**後半はスペースが空いてくると予想**していたし、その通りに2点返せる力はあった。そう考えると先に3失点をしてしまったのはもったいなかった。

―― 武藤 雄樹

MUTO Yuki 9

16
AOKI Takuya

“前半はもっと粘りたかった。**失点をしなければもっとチャンスがあった**と思う。前半を0対0で進めれば、後半は相手のスペースも空いてくると分かっていた。（阿部勇樹と左右の配置がいつもと逆だったことについては）オスカルが対面にいたことと、アフメドフのことを考えた位置取りだった。”

―― 青木 拓矢

“フッキは非常に馬力がある選手ということは試合前から分かっていた。実際にやってみて、1人、2人に囲まれてもそこを個人技で打開する力があった。ただ、**まったくやれない、ということではなかった**し、3失点目は個人技でいかれたけど、そのほかの2失点は非常にもったいなかった印象がある。”

46
MORIWAKI Ryota ―― 森脇 良太

“（2失点目の）あのプレーがなければ勝てたと思うし、それくらい**勝敗を左右した失点だった**。結果を見れば、あのワンプレーで流れを相手にもっていかせてしまったし、すごくもったいないプレーだった。トライするならしっかりとパスを通さないといけないし、あの時間帯なら大きく蹴って終わらせても良かった。”

―― 西川 周作

1
NISHIKAWA Shusaku

Analysis of the game

ツヅキック

浦和レッズで活躍された元日本代表GK
都築龍太さんが試合を解説！

ブラジル人選手を止めることに比重を置き過ぎた

受け身だった姿勢。ハッキリしなかった戦い方

上海上港戦は残念な試合だった。相手には4枚も抑えないといけない選手がいて、前半からそこに力を使わされた感じがする。その状況から自分たちのサッカーをしようと思っても難しかった。

ブラジル人の3選手は今までにないレベルだった。前半はそこにさらに中国人選手が何人か絡んで、左サイドで良い攻撃をしてきた。そんな中、アンラッキーな失点を食らってしまって、そこから落ち着かせることができなかった。レッズは受け身だったし、失点した後は、攻めるのか守るのか、つなぐのか蹴るのか、ハッキリしなかった。ホームだったことも含めて、相手のほうが気持ちは入っていた。

勝負を分けたのは2失点目だ。あそこは失点してはいけない時間帯だった。西川周作選手はあの距離でもつなごうとするし、つなげるけれど、今回はそこで取られてしまった。戻っている中で飛びつくのは難しい。そこも含めて点の取られ方はすべて良くなかった。

後半にラファエル・シルバ選手が入って1点を返した後は、レッズ

左からエウケソン、フッキ、オスカル。確かに能力は高いが…

がある程度ボールを回せるようになった。でも、浦和の選手たちはカウンターが怖かったと思う。上海上港は、フッキも守備はするし、ビラス・ボアス監督が組織をしっかり作っている。

良い形の攻撃は示すも、完敗

ただ、そうは言っても絶対に勝てない相手ではなかった。ブラジル人選手を止めることに比重を置き過ぎた。あそこまでやられるとは思っていなかったが、あの3人ないしは（オディル・アフメドフを含めた）4人を複数人でマークせざるを得なくなった。1人で止まらないから2、3人で行って、空いたスペースを突かれて、厳しい戦いになった。

とはいえ、2点を取って力を示せた部分もあった。PKをとったシーンは攻撃の形ができたと思うし、最後のほうも何回か良い攻撃があった。ただ、全体的に見て完敗だったかなと。ビルドアップしてつないで相手を崩すというサッカーはなかなかできなかった。

Away Column

エルゴラッソ番記者のアウェイ戦記

小籠包を頼んだと思ったら、出てきたのは…欧米かっ！

上海と言えば小籠包だ。などと断言していいものかは分からないが、そんなイメージはある。上海に行く前、浦和でお世話になっているベテラン記者の方にも「小籠包は絶対に食べて来い」と何度も念を押された。

アウェイの際は、できるだけスタジアムに近い場所に宿泊することにしている。ただ、ご多分に漏れず、上海のスタジアムも都心部になかった。他社の記者の方々は街中に宿泊している。近くには誰もいない。仕事の都合上、時間もそうないため、試合前夜は一人で食事を摂ることにした。

スタジアムからホテルに帰る途中にある中華料理屋に

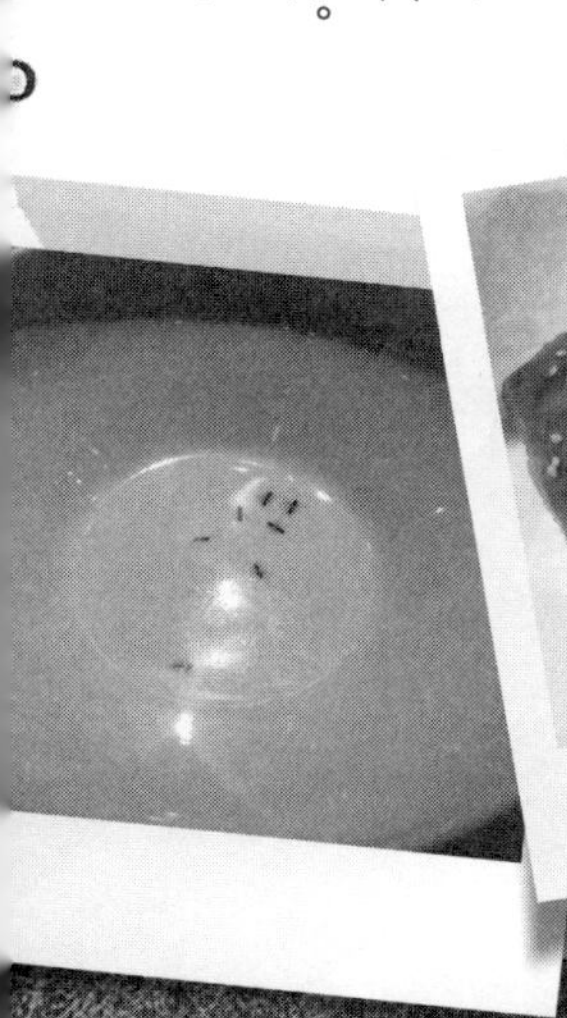

2017.3.14 in Shanghai

入る。お客さんも多いし、大丈夫そうだ。頼むのはもちろん、小籠包。メニューは現地の言葉なので判別に時間がかかったが、小籠包とチャーハンを食べることにした。

まず食器が出てきた。何と、虫がついている。「ちょっと勘弁してくれ」と店員さんを呼ぼうと思ったが、よくよく見てみると本物の虫ではなく柄だった（写真）。一安心。いや、いくら柄でも食器に虫というのは…。

そしていよいよ小籠包、と思ったら出てきたのは…ミートパイ（写真）だった。なぜ…。とりあえず食べてみると、ミートパイだ。中華感がまるでない。身振り手振りなどで改めて注文すればよかったが、チャーハンも頼んでしまったため、小籠包を食べることなく店を去ることにした。

翌日、ホテルの朝食にはなんと、小籠包がついていた。しかし喜びもつかの間、口に運ぶとそれは冷めていた。あまりおいしくなかった…。

中華人民共和国

首都 北京
面積 約960万km^2（日本の約26倍）
人口 約13億7,600万人　言語 中国語

長江の河口に位置する大都市・上海

上海は広大な中国の東側エリアにあり、長江の河口に位置している。かつては漁村だったが、商業圏として発展し、いまでは海外企業の支店が多く集まる世界有数の国際都市として発展。中国語の方言の一つ、上海語が使われる。

日本との時差：−1時間
東京からの距離：約1,765km
（飛行機で約3時間）

GS4

2017.4.11

home in Saitama

vs Shanghai SIPG FC

ACL グループステージ 第4節 2017.4.11（火）

埼玉スタジアム2002／21,858人

主審：モハンメド・A・モハメド（UAE） 天気：雨のち曇 気温：11.6℃

浦 和 1 1-0 / 0-0 0 上海上港

得点 （浦）44'シルバ

交代 59'青木▶李 60'ズラタン▶武藤 81'シルバ▶那須

メンバー			EG採点
GK	1	西川 周作	8
DF	5	槙野 智章	5.5
DF	6	遠藤 航	6.5
DF	46	森脇 良太	6.5
MF	3	宇賀神 友弥	7
MF	8	ラファエル シルバ	7
MF	10	柏木 陽介	6.5
MF	16	青木 拓矢	6.5
MF	18	駒井 善成	6.5
MF	22	阿部 勇樹	6
FW	21	ズラタン	
DF	4	那須 大亮	-
FW	20	李 忠成	6
FW	9	武藤 雄樹	6
監督		ミハイロ ペトロヴィッチ	6.5
SUB		GK 榎本 MF 長澤 MF 菊池 MF 矢島	

© Norio Rokukawa

グループステージ突破に向けて正念場となった第4戦は、
上海上港とのリターンマッチ。
風雨が吹き荒れる中、ホームの声援を力に戦ったレッズは、
前半終了間際に先制点を奪うと、
後半2度のPKの危機をしのぎ切り1対0で勝利。
グループ首位に再び浮上した。

Point of the game
ポイント
番記者が勝敗の分かれ目などを振り返ります。

2回のPKも防ぎ切り、グループステージ突破に王手

開始から攻め込み、前半終了間際に試合が動く

この日のスタメンは、GKに西川周作。最終ラインは右から森脇良太、遠藤航、槙野智章の3人。ボランチには青木拓矢と阿部勇樹が入り、右に駒井善成、左に宇賀神友弥。トップ下に柏木陽介が構え、2トップにはラファエル・シルバとズラタン・リュビヤンキッチが並ぶ、[3-4-1-2]の布陣でスタートした。対する上海上港は[4-2-3-1]。フッキは負傷によりメンバー外となった。

キックオフと同時に浦和がビッグチャンスを作る。宇賀神のクロスをラファエル・シルバが合わせクロスバーを叩く。18分にも柏木がロングパスでチャンスを演出。こうして開始直後から押し込むが、得点には至らない。

上海上港も反撃に出る。35分にはカウンターで左サイドからヘディングシュートを狙う。

しかし、これはクロスバーに阻まれた。

均衡が崩れたのは44分。青木のパスをズラタンが受け、ラファエル・シルバにパス。密集の中で受けた背番号8は、狙いすましてゴール左隅に右足で蹴り込んだ。

前半から一転、押し込まれる展開に

後半に入ると指揮官が動く。59分に青木を李忠成、60分にズラタンを武藤雄樹に代え、1トップ2シャドーに変更。柏木をボランチに落として流れを戻そうとする。しかし運動量の低下もあり、上海上港に押し込まれてしまう。

65分にはＰＫを与えてしまうが、〝守護神〟西川が片手1本でこれを防いでみせた。さらに76分にも2本目のＰＫをとられたが、ボールは大きく上へ。キッカーの元ブラジル代表オスカルには、浦和の背番号1がとてつもなく大きく見えていたに違いない。

浦和は81分に那須大亮を投入。最後まで体を張り続け1点を守り切り、勝利をモノにした。

グループステージ首位に立った浦和は、次戦で勝ち点1以上を取れば、1次リーグの突破が決まる。

（石田 達也）

Comment after game

コメント

8 Rafael Silva

“90分間をとおしてタフな試合だった。両チームがいつゴールを入れてもおかしくなかったが、自分たちが勝利に値する試合だった。シュートを打つシーンはたくさんあったが、**パスをつなぐ正しいタイミングもあり、打つタイミングは間違ってはいない**。決定的なシーンを逃さなければ僕らしいサッカーはできた。”

—— ラファエル シルバ

“前半に1点先制できたことが大きかった。勝てて良かった。試合を決定づけるアシストができてうれしい。**シュートをイメージしたが、アシストを選択**した。”

—— ズラタン リュビヤンキッチ

Zlatan Ljubijanki 21

NISHIKAWA Shusaku 1

チームが勝って良かった。**ここぞ！ というときに止めるGKを常に意識している**ので、自分にチャンスがきたと、メンタル的に落ち着いていた。2本目はキッカーが一緒で、相手のほうがプレッシャーかかっているなと思っていた。うまく外してくれて良かった。無失点で終われたことは自信になるが、自分たちのミスでピンチを招いた。リーグ戦も含めて、しっかりと無失点を続けられるように準備したい。

—— 西川 周作

途中、相手が［4-4-2］にしてきたので、試合の展開を見て右に流れたり、下がってボールをもらったりしていた。今日の勝利は非常に大きい。PKはサポーターを含めて、みんなが相手をあおってくれたおかげ。PKを与えたところは反省していく。**自分の良かったプレーは忘れた**。

—— 柏木 陽介

10 KASHIWAGI Yosuke

Analysis of the game

ツヅキック

浦和レッズで活躍された元日本代表GK
都築龍太さんが試合を解説！

勝つための
サッカーができた

トータルで見ればレッズは良かった

開始早々のラファエル・シルバ選手のチャンスもそうだし、前半はレッズが主導権を握っていた。レッズの「勝たなきゃいけない」という姿勢が出ていた。得点シーンは、まず青木拓矢選手がかわして一人置き去りにしたところで、選択肢は二つあった。そこでズラタン選手に出して、ズラタン選手が落として、ラファエル・シルバ選手のシュートもワンテンポ遅らせてうまかった。

試合全体では、ピンチがかなりあった。前半はポストに当たったヘディング。あそこはオスカルもうまかった。やっぱりオスカルなどの質の高い選手がいると、そこに気をとられてしまうし、関わっていない選手もプレーを見てしまう。その点、フッキ選手の欠場で負担は一つ軽減されて、エウケソン選手が消えていたことも助かった。遠藤航選手も粘り強かった。トータルで見ると、攻守のメリハリ、プレッシャーの掛け方、ビルドアップをされるときの追い込み方も、押し込まれるまでは良かった。あとはＰＫだ。

© Norio Rokukawa

PKストップが光った西川。彼がいなかったら…

勝負を決めた2本のPK

1本目は西川周作選手がよく止めた。蹴った後で手を出して、しっかり反応していた。彼が止めていなければどうなっていたか……。

勝っているときでもラインを下げ過ぎず、自分たちでポゼッションしながら時間を作っていく戦いができれば、一番レッズらしい。上海上港戦はそれができず、いつものスタイルは捨てていた。それでも今後、結果を出すためには、あってしかるべきこと。レッズはそういうことをあまりやってこなかったから、チームとして良い経験をした。

ただ一方で、後半のPKを止めた後にあそこまで下がる必要はなかった。那須大亮選手の投入が守備固めのサインだったけど、那須選手のところからかなりミドルシュートを打たれた。特にオスカルのような選手がいる時に、あそこまで打たれるのはリスクがある。相手がかなり前に来たのもあるけど、レッズのラインがかなり低かったのも要因の一つ。そこは今後に向けた課題だった。

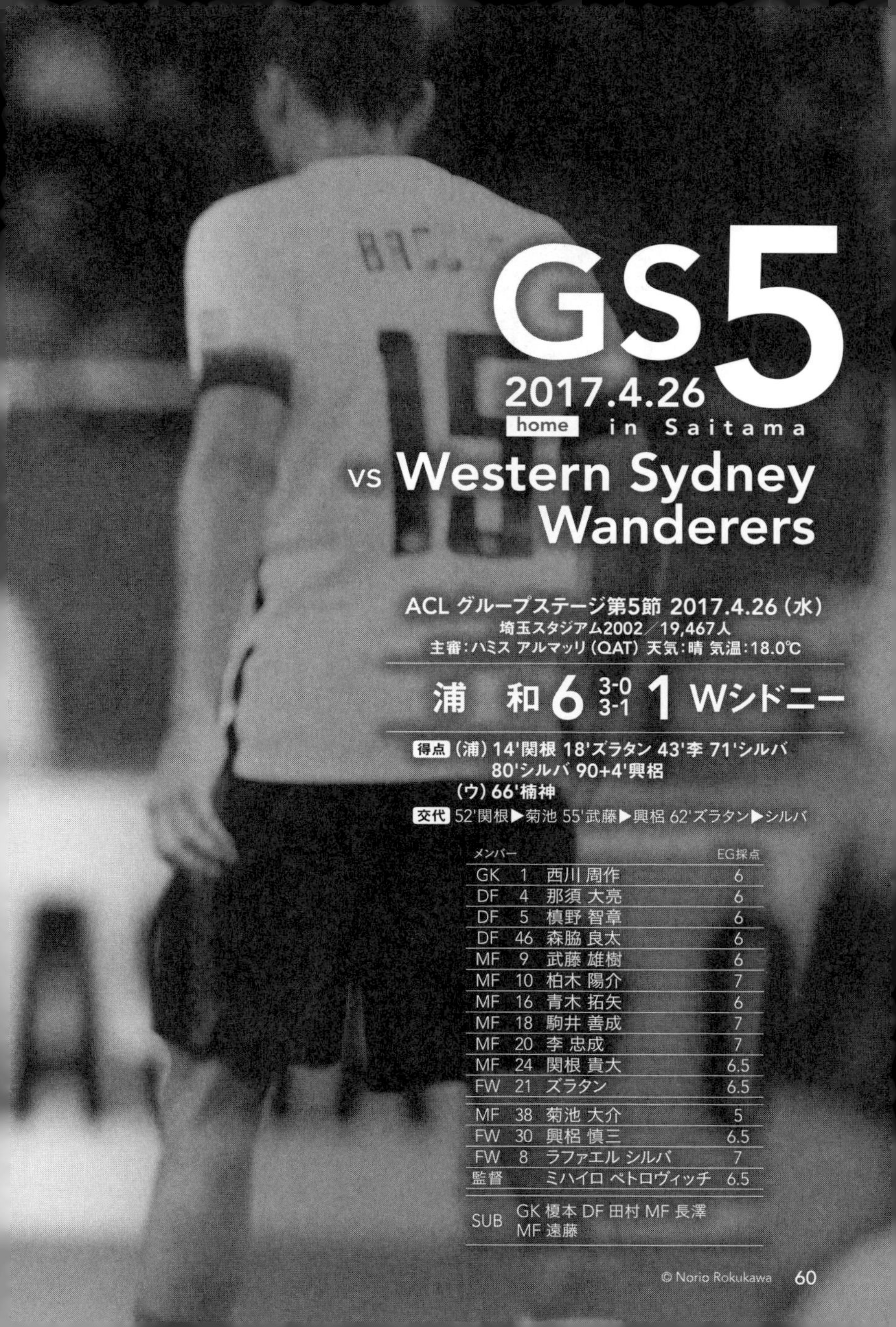

GS 5

2017.4.26

home in Saitama

vs Western Sydney Wanderers

ACL グループステージ第5節 2017.4.26（水）

埼玉スタジアム2002／19,467人

主審：ハミス アルマッリ（QAT）天気：晴 気温：18.0℃

浦　和 6 (3-0, 3-1) 1 Wシドニー

得点（浦）14'関根 18'ズラタン 43'李 71'シルバ 80'シルバ 90+4'興梠

（ウ）66'楠神

交代 52'関根▶菊池 55'武藤▶興梠 62'ズラタン▶シルバ

メンバー			EG採点
GK	1	西川 周作	6
DF	4	那須 大亮	6
DF	5	槙野 智章	6
DF	46	森脇 良太	6
MF	9	武藤 雄樹	6
MF	10	柏木 陽介	7
MF	16	青木 拓矢	6
MF	18	駒井 善成	7
MF	20	李 忠成	7
MF	24	関根 貴大	6.5
FW	21	ズラタン	6.5
MF	38	菊池 大介	5
FW	30	興梠 慎三	6.5
FW	8	ラファエル シルバ	7
監督		ミハイロ ペトロヴィッチ	6.5
SUB		GK 榎本 DF 田村 MF 長澤 MF 遠藤	

© Norio Rokukawa

引き分け以上で16強進出が決まるホームゲーム。
ウェスタン・シドニー・ワンダラーズを相手に、
試合開始から攻撃をしかけ続けたチームは、
関根のゴールをきっかけにゴールラッシュを見せる。
前半、後半ともに3点ずつ奪い6対1で大勝。
1試合を残してグループ突破を決めた。

Point of the game

ポイント

番記者が勝敗の分かれ目などを振り返ります。

課題は残しつつも圧勝でベスト16進出

前半に圧倒も、後半に陰り

「浦和は明らかにわれわれより良いチームだった」。会見で敵将トニー・ポポヴィッチ監督が脱帽の一言を発した。敵ながらあっぱれということだろう。

6対1。完勝の90分だった。いまの浦和は長身DFだろうが、DF3枚だろうが5枚だろうが、こうした相手はお手のもの。長短織り交ぜたパスと気の利いた動きで、いくらでも崩すことができた。運動量。球際。予測。判断。どれをとっても練度と質の高さを見せつけた。しかも、リーグ戦から先発5人を入れ替えた中、しっかり浦和のサッカーができた。誰が入っても質を落とさず戦えるチームに、より近づいている。

前半の関根貴大、ズラタン、李忠成の3ゴールは、どれもミシャサッカーの真髄といえるものだ。理想の展開で前半を折り返した。

後半、指揮官はリーグ次節の〝さいたまダービー〟を見越してか、早々にメンバーを入れ替える。すると、60分頃から流れが傾きはじめてしまう。62分にはズラタンが負傷交代してさらに雲行きが怪しくなり、66分に失点。駒井善成や那須大亮は、原因を「運動量の低下」、槙野智章は「前と後ろとのバランスの悪さ」と指摘。前半のような展開を90分間安定してできないのが、浦和の課題だ。

流れをすべてさらっていったラファエル・シルバ

それでも途中出場のラファエル・シルバがダメを押した。投入から9分後の71分、李とのワンツーで難なく決めると、その9分後には柏木陽介とのパス交換で2ゴール目を決めた。さらにアディショナルタイムには興梠慎三のゴールをアシストし、出場34分間で2得点1アシストの大暴れを見せた。これで浦和は2年連続でラウンド16に進出する。

「選手だけでなくスタッフも見るべきところは一つ。本当にチャンピオンになりたい」とラファエル・シルバは話す。ＡＣＬの舞台でこれからどんなゴールを見せるのか。まだまだこんなところで終わるチームではない。

（佐藤 亮太）

Comment after game

コメント

18 KOMAI Yoshiaki

“立ち上がりは良い試合の入り方ができて、自分たちが狙いをもったボールの動かし方ができた。良い時間帯でゴールが入って、前半で3対0のスコアに。**相手の攻撃はほぼノーチャンス**だった。監督が言うように、後半に運動量が落ちて、相手のシャドーの選手を捕まえ切れず、動き出しがワンテンポ遅くなった。難しいかもしれないが、前半のようなサッカーを後半も続けられるようにしたい。”

―― 駒井 善成

“グループステージ突破が決まり、非常にうれしい。チームは良い仕事ができた。**ラウンド16になり違う戦いが始まる**。いままでと同じように地に足をつけて戦いたい。”

―― ラファエル シルバ

Rafael Silva 8

21 Zlatan Ljubijanki

“自分の役割をしっかり果たすことができた。得点が取れてうれしい。良いコンビネーションから、駒井のスルーパスをうまく合わせることができた。昨季、果たせなかった**ラウンド16の先を見据えている**。1位突破を実現する上で、今日の勝利は大きい。”

—— ズラタン リュビヤンキッチ

5 MAKINO Tomoaki

“昨季もその前も悔しい結果だった。このACLという舞台で、**なぜ結果を残せないのかと思いながら、今季は戦っている**。相手も研究してくるが、さらに自分たちの良さを出せている。”

—— 槙野 智章

“最初に点を取れたので、自分たちのペースで進むことができた。後半少し中だるみしてしまったが、レッズらしいサッカーで点も取れて、**良い内容と結果の試合**だった。”

—— 李 忠成

20 LEE Tadanari

Analysis of the game

ツヅキック

浦和レッズで活躍された元日本代表GK
都築龍太さんが試合を解説!

すべて違うパターンで得点が取れた

ホームで見せた完勝劇

最高の勝ち方だった。グループステージ突破を決めたことも良かったし、内容も素晴らしかった。前から行って中盤でボールを奪い、その後に速い攻撃で点が取れた。得点も全部パターンが違う形だ。

一方で、後半は失点前後にレッズが下がってしまった。ディフェンスラインの間が空き過ぎてしまった。中盤で誰がプレッシャーに行くかハッキリしないと、ディフェンスラインは下がらざるを得ない。その結果があの1失点だった。楠神順平選手に決められてしまった。

それでもその後はまた攻撃に出て、ポゼッションもできた。流れとしては相手が攻めに出ないといけない状況で、レッズが相手に攻めさせていたような印象もある。その中で、ボールを奪ってからパス2、3本をつなぎ、興梠慎三選手とラファエル・シルバ選手のコンビで点を取った。4点目でとどめを刺した感がある。ラストパスを出した李忠成選手に対して、ペナルティーエリアの前なのに相手のプレッシャーもなかった。

途中出場で大活躍のラファエル・シルバ(中央)

途中出場でも圧巻のラファエル・シルバ

ラファエル・シルバ選手は、途中出場で2ゴール1アシスト。この試合ではかなり運動量も多く、守備もサボらずに走っていた。良い動き出しもできて、決めるところも決める。点差が開いた状況での途中出場だったけど、すごく活躍した。独特の間合いを持っている。裏に抜けるのがもっとも生きる形だと思うけど、ポストプレーができないわけじゃない。あらためて万能型の良い選手だと思った。それに、交代で出た選手がしっかりとした役割をこなしているのは、サブの選手も良いモチベーションで試合に臨んでいる証拠だ。

これでグループステージ突破が決まったけど、2位突破だとラミレスやアレックス・テイシェイラといった外国籍選手がいる江蘇蘇寧と対戦する。できれば1位で突破したい。とはいえ計算をして戦うことはできない。FCソウルは敗退が決まっているが、プライドもあるし、負けられないと位置づけていると思う。次戦も厳しい戦いになる。

GS6

2017.5.10

away in Seoul

vs FC Seoul

ACL グループステージ 第6節 2017.2.28（水）

ソウルワールドカップスタジアム／4,933人

主審：アリレザ ファガニ（IRA） 天気：晴 気温：17.0℃

FCソウル 1 （1-0 / 0-0） 0 浦　和

得点 （ソ）38'ユン・ソンウォン

交代 56'菊池▶矢島 78'田村▶梅崎 90+1'青木▶オナイウ

メンバー			EG採点
GK	25	榎本 哲也	5
DF	4	那須 大亮	6
DF	5	槙野 智章	5.5
DF	17	田村 友	5
MF	3	宇賀神 友弥	5.5
MF	13	高木 俊幸	5.5
MF'	16	青木 拓矢	6
MF	18	駒井 善成	6
MF	20	李 忠成	5.5
MF	38	菊池 大介	5.5
FW	21	ズラタン	5.5
MF	39	矢島 慎也	6
MF	7	梅崎 司	6
FW	19	オナイウ 阿道	-
監督		ミハイロ ペトロヴィッチ	5.5

SUB GK 岩館 MF 平川 MF 長澤 MF 伊藤

グループステージ最終戦は、アウェイでのFCソウル戦。
前節でラウンド16進出を決めた浦和は、
主軸の多くを日本に残し、スタメンを7人入れ替えて臨んだ。
試合は0対1で敗れたが、
開幕前のけがで出遅れていた高木俊幸が初めてスタメン出場するなど、
ポジティブな要素もある試合となった。

Point of the game

ポイント

番記者が勝敗の分かれ目などを振り返ります。

「未来を懸けた試合」だったがミスが多く0対1で敗戦

守勢に回る展開に

グループ1位突破、そして普段は出場機会が限られている選手たちにとって、「未来を懸けた試合」（那須大亮）だった。主力の多くが日本に残り、槙野智章と宇賀神友弥を除いてフレッシュな選手たちが出場。榎本哲也、田村友は浦和加入後初の公式戦出場となり、開幕前に右足第5中足骨を疲労骨折した高木俊幸は今季初の公式戦出場となった。

しかし、本来の浦和の戦いを演じることができなかった。ミハイロ・ペトロヴィッチ監督は「明確なポジションの役割が頭の中に入っていて、それをできる能力がある」と話していたが、連係面で精度を欠き、攻撃の形を作れない。ＦＣソウルにボールを支配され、守勢に回った。ボールを持ってもミスで失い、カウンターで失点を喫した。

後半は一転、立ち上がりからアグレッシブに攻撃をしかける。56分に入った矢島慎也がボランチになり、駒井善成が右サイドに回ると、より攻撃にリズム生まれた。

望んだ結果は得られず。公式戦3連敗

しかし、ゴールが遠かった。65分にはショートＣＫから槙野が前に出したボールが相手に当たってこぼれると、ズラタンが反応して押し込むが、これはオフサイド。70分には駒井が右サイドで相手をかわしてクロスを入れるがファーサイドに流れ、宇賀神が折り返したボールもチャンスにはつながらず。那須が「後半の戦いを前半からできれば、ということに尽きる」と話したとおり、前半の戦いと失点が最後まで尾を引いた。

出場機会が限られていた選手がピッチに立ち、梅崎司も左ひざ前十字靭帯損傷を負った昨年8月31日のルヴァンカップ準々決勝第1戦・神戸戦以来、約8カ月半ぶりの公式戦復帰を果たしたことは、チームにとってポジティブだ。しかし、結果としてグループ1位突破は決めたが、望んでいた結果は得られず、公式戦3連敗。多くの選手が課題を感じ、だからこそ「次につなげたい」と話した。この経験を「あの試合があったから」と言える活躍を見せる選手が、一人でも多く出てくることを期待したい。（菊地 正典）

Comment after game
コメント

4 NASU Daisuke

“前半にバタバタし過ぎて、ミスも多かったし、自分たちでゲームをコントロールできなかった。（攻撃を）作る段階でのミスがすごく多かったし、そうなるとどうしてもウチのサッカーではなくなってしまう。作る段階でショートカウンターとか、失点シーンもそうだけど、**ミスが多過ぎて難しい状況にしてしまった。**”

―那須 大亮

UMESAKI Tsukasa 7

“久しぶりの公式戦だったが、あっという間に終わってしまった。もうちょっとプレーしたかった。緊張は全然なかった。逆に冷静過ぎた。もう少し強引にプレーしてもよかった。**ようやく個人としてスタートラインに立てた**と思うし、短い時間でも何ができるか、見せられるか、日頃の練習から安定して高い水準のプレーができるか、積み重ねだと思う。最近の練習ではパフォーマンスが上がってきていたので、それを評価してもらって試合に出られた。もちろん出場が目標ではないし、ピッチの中で何ができるかが大事。”

―― 梅崎 司

“**どんな形でも、かっこ悪くても勝ちたかった**けど、勝てなかったので悔しい。”

―― 榎本 哲也

ENOMOTO Tetsuya 25

13

TAKAGI Toshiyuki

“とにかく90分プレーできたことが、自分にとっては良かったと思う。でもボールを受けたときの質は低かった。シュートは当たっているけど、**試合ではまだ力みがある**。練習でもまだまだ決め切れていない。自分で練習してもう少し合わせていきたい。シュートを打つ形を作れたことはよかったので、次は決められるようにしたい。”

―― 高木 俊幸

“課題が残った試合だった。**つぶしの部分では持ち味は出せた**けど、攻撃参加がもっと増えればよかった。前半は中途半端な位置にいてどっちつかずだった。後半はみんながバランス良く立ち位置も良かったので、ボールも受けやすかったし出しやすかった。”

―― 田村 友

17

TAMURA Yu

“後半の最後30分ぐらいは良い形を作れていたけど、最後のところで決め切れないことが続いていた。個人的にはもどかしい部分もあるし、負けている中で短い時間しかもらえなかったのは、自分が**まだ信頼を勝ち取れていない証拠**。もう少し時間があればと考えるけど、それを自分で勝ち取れるようにしないといけない。”

―― オナイウ 阿道

19

ONAIWU Ado

Analysis of the game

ツヅキック

浦和レッズで活躍された元日本代表GK
都築龍太さんが試合を解説！

榎本選手は、GKがやるべきプレーはすべて実行していた

攻めているときにディフェンスを整える

トーナメントを見据えると1位通過が必要だった。それでもメンバーをかなり替えて臨んだ。そして、負けてしまった。FCソウルが良かったわけではない。結果的に1位通過したけど、内容も結果もふがいなかった。

FCソウルは浦和以上にモチベーションがない中でフレッシュな選手を使っていた。でも、レッズがピンチになったのはすべてミス絡みだった。失点がそれを物語っている。パスミスをした後、2、3本つながれて簡単に点を取られた。人数は同数の局面でも、そこで奪えずに展開されて、受けた選手がほぼフリーだった。攻めているときはディフェンスを整えておかないといけない。あそこは最低でも一人はマークについておかないと。

決勝トーナメントになれば、相手のレベルも上がる。一人で打開される場面もあるので、攻めているときにディフェンスの準備など、基本的なことを徹底してやらないと簡単に失点してしまう。

敗戦の中でも、榎本は評価したい

経験がある選手がいるのは心強い

試合には負けたけど、榎本哲也選手は頑張っていた。経験があるり、慌てる場面もなかった。バックパスの処理に関しては、GK一人ではどうしようもない場面もある。周りの動き出しもないと出せない。FCソウルはプレッシャーに来ていた。それを差し引いて、榎本選手はGKがやるべきプレーはすべて実行できていたし、経験のある選手がいるのは、西川周作選手が不在のときも心強い。

これでJリーグも含めて公式戦3連敗、しかもいずれも得点を奪えていない敗戦になった。深刻なのは、決定的なチャンスも作れていないこと。FCソウル戦はコンビネーションが足りなかったし、起点となる選手がいなかった。一人目の動き出し、二人目の動き出しがあって、レッズは三人目の動き出しまでしっかりできるチームだから、連動性を持って攻撃できれば相手も混乱して、定石を崩して守らないといけない場面が出てくる。

Away Column

エルゴラッソ番記者のアウェイ戦記

そこは便利な学生街 新村、とっても都会的

浦和担当になって以降、5度目の韓国遠征。ソウルも前年のラウンド16に続き二度目だ。前回泊まったホテルは個人経営でご主人はとても良い人ながら、ホテルの機能として少々不便があったので、違うホテルにすることにした。

空港から電車を乗り継ぐ。ホテルに入ると、受け付け前には行列ができていた。外観は失礼ながらそれほど良いホテルとはいえない雰囲気だったのだが、そんなに人気なのか。そう思いながら列を作る人たちを見るとちょっとした異変に気づく。カップルばかりなのである。

聞いたことがあるぞ。韓国ではラブホテルも普通に宿泊

2017.5.9 in Seoul

できるし、予約サイトにも出てくると。チェックインして部屋に向かうと、その予感は確信に変わった…。

話を、街のことに戻そう。

ホテルのある新村（シンチョン）街は、大学が3つもある学生街。都会的だし、とても賑わっている。飲食店がごった返す繁華街もあり、焼肉など（写真）食べるものにも買い物にも困ることはなく、とても便利な街だ。

そしてこれは新村、ソウルに限らず韓国各地共通なのだけど、たとえば駅で路線図を眺めていると日本語で声を掛けてきていろいろ教えてくれるなど、とても親切な人が多いという印象がある。

政治的に日本と韓国の間にはいろいろあるが、そこに住む人たちは僕ら日本人に対しても、友好的な人ばかりだ。ただ、特にソウルはホテル選びに気をつけないといけない。僕の無知が悪かっただけなのかもしれないけど。

大韓民国

首都 ソウル
面積 約10万km^2(日本の約4分の1)
人口 約5,127万人　**言語** 韓国語

1960年代に経済成長を遂げたソウル

韓国の首都であるソウルは、朝鮮戦争の停止後、1960年代後半から「漢江の奇跡」と呼ばれる急速な経済成長を遂げた。ソウル最大の市場・東大門や、繁華街・明洞、2000年代に完成したNソウルタワーなどが観光地に。

日本との時差：なし
東京からの距離：約1,159km
（飛行機で約2時間30分）

第2章

ホームの力。埼スタの力

── ACL2017・ノックアウトステージ編

ACL ラウンド16 第1戦 2017.5.24（水）
済州総合競技場／1,913人
主審：アジズ・アシモフ（UZB）天気：晴のち曇 気温21.0℃

済州	2	1-0 1-0	0	浦和

得点（済）7'マルセロ 90+2'ジン・ソンウク
交代 58'関根▶駒井 71'武藤▶李 82'宇賀神▶高木

メンバー			EG採点
GK	1	西川 周作	6
DF	5	槙野 智章	5
DF	6	遠藤 航	5
DF	46	森脇 良太	5
MF	3	宇賀神 友弥	5.5
MF	9	武藤 雄樹	5.5
MF	10	柏木 陽介	5.5
MF	22	阿部 勇樹	5
MF	24	関根 貴大	5.5
MF	30	興梠 慎三	5.5
FW	21	ズラタン	5.5
MF	18	駒井 善成	5.5
FW	13	高木 俊幸	-
FW	20	李 忠成	5.5
監督		ミハイロ ペトロヴィッチ	5.5
SUB		GK 榎本 DF 那須 MF 青木 MF 矢島	

ROUND 16

2017.5.24 away in Jeju

vs Jeju United FC

2016年のACLで敗退したステージであるラウンド16。
雪辱を期して、H&Aで争われる
済州との第1ラウンドを敵地で迎えた浦和だったが、
警戒していたカウンター2発に沈み、0対2で敗戦。
アウェイゴールを奪うこともかなわず、8強進出へ黄信号が灯った。

Point of the game
ポイント
番記者が勝敗の分かれ目などを振り返ります。

カウンターが武器の相手に対し、自らが招いた敗戦の結果

「いつものパターン」で失点を重ねた

立ち上がり7分で先制点を許し、後半アディショナルタイムにも失点。それはいずれもカウンターだった。済州がカウンターを武器とすることは、ミーティングから気をつけていたことだった。しかし、警戒しながらも相手が狙っていた形で2失点を喫した。

前日練習どおり、阿部勇樹をボランチ、柏木陽介と武藤雄樹をシャドー、ズラタンと興梠慎三をFWにした［3－5－2］で臨んだ浦和。一見、前に人数を掛けていると思いきや、それは守備のスタートポジションだった。その理由を柏木は「ワントップ下（マルセロ）に対してうまくハマるように」と説明したように、相手のトップ下を阿部、ボランチを柏木と武藤がマークする。

しかし、この策略はハマらなかった。阿部のパスミスからカウンターを受けると、ファ

ン・イルスのクロスをマルセロに頭で合わせられ、7分という早い時間に失点を喫した。

後半は前半に比べてミスも減り、完全に主導権を握った。特に終盤は済州が全員自陣に引き、浦和のフィールドプレイヤー全員が敵陣に入る展開が続いた。それでもゴールを奪えずにいると、柏木が放ったシュートを相手にクリアされ、カウンターでまたも失点を喫した。ボールの奪われ方が悪い中、リスクマネジメントもできずにカウンターを受けて失点する。いつもの浦和の敗戦パターンだ。

第2戦で土壇場の爆発力を見せられるか

第2戦は2点を取らなければならない上に、アウェイゴールで1点を失えば4点が必要になる苦しい展開。ただ、相手のレベル、戦い方を置いておけば、ペトロヴィッチ監督が言うように「6点、7点を取って勝利したゲームもある。そういう爆発的な攻撃力があるチーム」であることも事実だ。これまで、ACLは連戦の中で戦ってきたが、今回は週末のリーグ戦をスキップし、1週間のインターバルを経て試合に臨むことができる。第2戦に向けて準備、修正をする時間がある。これまで見せてきた修正力、爆発力をあらためて発揮し、何とかベスト8に進出したい。

（菊地 正典）

Comment after game

コメント

1 NISHIKAWA Shusaku

ボールの失い方が悪くてカウンターを受ける場面が多かった。自分自身、**チームを救えなかった悔しさ**がある。せめて0対1で試合を終わらせないといけなかった。

―― 西川 周作

気をつけていたところで失点してしまった。**ボールの動かし方と失い方が悪かった**。2失点目はもったいなかったけど、どっちにしろホームの試合は2点取らないといけない。

―― 槙野 智章

MAKINO Tomoaki 5

後半は良いチャンスを作れていた。だからこそ、**前半に我慢して戦うことができていれば、違った試合展開**だった。

―― 関根 貴大

24 SEKINE Takahiro

KASHIWAGI Yosuke 10

“相手の狙いどおりに失点してしまい、そこでプランは崩れた。下がったり前に出たり、自分の中で工夫したけど、カウンターを食らうシーンが多かったから、前半で疲れてしまった。相手がカウンターを狙っていることは分かっていたけど……。ただ、第二戦で良い形をつくって、ボールを動かしながら1点決められれば、**3点ぐらいは取れるんじゃないかという自信はある**。”

―― 柏木 陽介

“引き分けるためのチャンスは十分に作れたし、それだけに悔しく思っている。相手の守備がやりづらかった。前線にボールを当てようとしてそれを失い、**同じパターンで何度もカウンターの機会を与えてしまった**。相手にもそれを決める強さがあった。”

―― ズラタン リュビヤンキッチ

21 Zlatan Ljubijanki

Analysis of the game

ツヅキック

浦和レッズで活躍された元日本代表GK
都築龍太さんが試合を解説!

両ストッパーが上がったときは、せめてプレーを切らないと

勝利を意識してサッカーのスタイルを変えるべき

相手の戦略にハマった。ほとんどのピンチがボールを奪われてからのカウンターだった。その際の守備体形がまったく整っておらず、良くて数的同数。相手はカウンター以外ではサイドの攻撃が得意だったと思うけど、そこまで驚異的な選手がいるわけではなかった。1失点目はつながなければいけないところを阿部勇樹選手のパスミスから取られて、クロスも簡単に上げさせてしまい、中も完全に競り負けた。

ミハイロ・ペトロヴィッチ監督がどれだけ良いサッカーを目指していても、絶対にミスは起こる。そのときのカウンターに備えておかないと簡単に失点してしまう。彼は「いかにミスをしないか」というサッカーをするから、攻撃に人数を掛ける分だけディフェンスラインもリスクを背負う。そのバランスをもう少し改善する必要がある。

一番バランスが良いのは、ボランチの1人がCBまで戻ってきている状態。そのときは守れている。勝利を意識してサッカーのスタイルを変える判断は必要だと思う。

ROUND 16　2017.5.24

vs 済州ユナイテッドFC

森脇ら両サイドが上がったあとに課題

ここで敗退してしまうのは……

いくら強くて速い選手がいても、それだけでは守れない。両ストッパーが一緒に上がってしまうのが問題。せめてプレーを切って戻る時間を作らないといけない。良い状況のときはシュートで終わったり決定的なチャンスを作ったりしている。第1戦はそれができなかった。

攻撃で崩すシーンもあまりなく、ミドルシュートや単発のチャンスはあったけど、そういうシーンで決めるか、同じような状況をもっと作っていくサッカーをしないと、次の試合は厳しい。

ここで敗退してしまうのは、率直に嫌だ。攻撃力はあるし、得点できる可能性はかなり高い。それでも相手ありき。勝たないといけない試合でまたカウンターで失点してしまうような、そういう試合は見たくない。修正しないといけない点、改善しないといけない点は多々あるけど、勝ちにいくサッカーをしてどういう結果になるか。ディフェンスがどこまで持ちこたえられるか。

Away Column

エルゴラッソ番記者のアウェイ戦記

「韓国のハワイ」で気づけば顔が真っ赤に

済州は、「韓国のハワイ」とも言われる韓国有数の観光地。日本からすれば、最も近い海外リゾート地である。

この試合はスタジアムの都合もあり、ＡＣＬには珍しい昼（15時）のキックオフ。ただ前日の公式会見や練習は夕方からだったので、昼には観光に出かけることにした。

済州の中でも観光名所として知られるのは北部の海岸沿いにある龍頭岩（写真）。約２００年前に漢拏山の噴火で溶岩が噴出してでき、長い年月を掛けて海蝕によって竜の頭のような形になったという。何とも神秘的だ。

同じく北部にある東門市場は、大賑わい…とまでは言えな

かったものの、豚の頭が並んでいたり（写真）、日本では高級なアワビが水槽の中に数え切れないほどいたり（写真）と、日本ではあまり見られないような光景も見られた。

前日会見、公式練習の後、夜に食したサムギョプサルも美味。サムギョプサルは韓国名物として日本でも有名だが、まずはブロック状の豚バラ肉を焼き、店員が細かくカットしてくれた肉に、朝鮮の合わせ味噌であるサムジャンをつけて青唐辛子とともにサンチュに巻いて食べれば非常にマシッソヨ。どこで食べても基本的に外れがない。

試合日は雨予報から一転、晴れ間も覗く天気で気温も20度強とそれほど上がらず。プレーしやすい気候だったが、前日は強烈な日差しでTシャツ一枚でも暑いぐらいだった。5月だから、と油断していた僕は日焼けで首から上が真っ赤に。選手やスタッフにツッコまれるほどに日焼けしたことだけが今回の遠征の失敗だった。

大韓民国

首都 ソウル
面積 約10万km^2（日本の約4分の1）
人口 約5,127万人　言語 韓国語

日本からも近い「韓国のハワイ」済洲島

ソウルから飛行機で約1時間、日本からも非常に近い済洲島。温暖な気候と豊かな海産物を中心としたグルメが魅力で、おしゃれなカフェやゴルフ場も充実した人気のリゾート地だ。韓流ドラマでロケ地となることも多い。

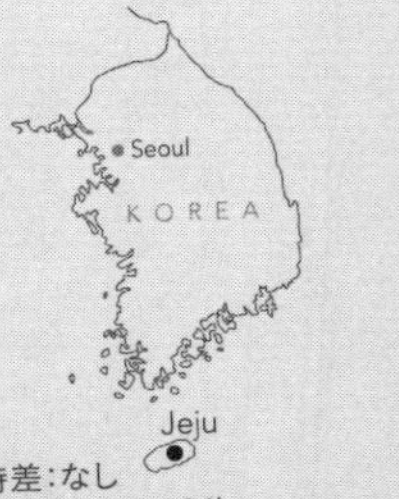

日本との時差：なし
東京からの距離：約1,234km
（飛行機で約2時間30分）

ROUND 16

2017.5.31 home in Saitama

vs Jeju United FC

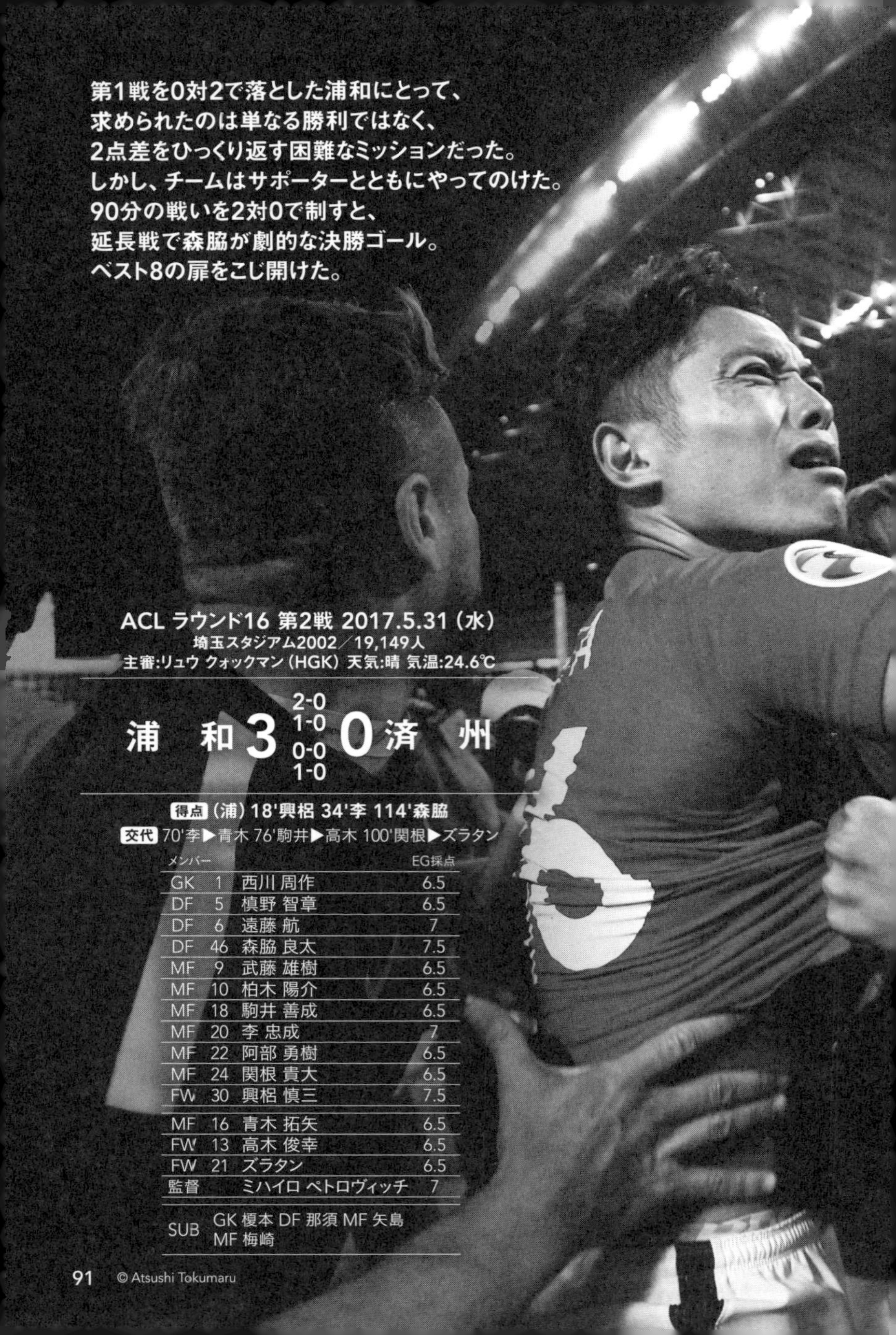

第1戦を0対2で落とした浦和にとって、
求められたのは単なる勝利ではなく、
2点差をひっくり返す困難なミッションだった。
しかし、チームはサポーターとともにやってのけた。
90分の戦いを2対0で制すと、
延長戦で森脇が劇的な決勝ゴール。
ベスト8の扉をこじ開けた。

ACL ラウンド16 第2戦 2017.5.31（水）
埼玉スタジアム2002／19,149人
主審:リュウ クォックマン（HGK）天気:晴 気温:24.6℃

浦和	3	2-0 1-0 0-0 1-0	0	済州

得点（浦）18'興梠 34'李 114'森脇
交代 70'李▶青木 76'駒井▶高木 100'関根▶ズラタン

メンバー			EG採点
GK	1	西川 周作	6.5
DF	5	槙野 智章	6.5
DF	6	遠藤 航	7
DF	46	森脇 良太	7.5
MF	9	武藤 雄樹	6.5
MF	10	柏木 陽介	6.5
MF	18	駒井 善成	6.5
MF	20	李 忠成	7
MF	22	阿部 勇樹	6.5
MF	24	関根 貴大	6.5
FW	30	興梠 慎三	7.5
MF	16	青木 拓矢	6.5
FW	13	高木 俊幸	6.5
FW	21	ズラタン	6.5
監督		ミハイロ ペトロヴィッチ	7
SUB		GK 榎本 DF 那須 MF 矢島 MF 梅崎	

Point of the game

ポイント

番記者が勝敗の分かれ目などを
振り返ります。

攻守に圧倒した浦和が大逆転でベスト8へ

押しに押す浦和がいつ崩すか

第1戦を0対2で落とした浦和は、2点差をひっくり返す必要があった。浦和はアクセル全開で相手陣地に進入していく。先制点は18分、FKを興梠慎三が頭で合わせてネットを揺らした。浦和は済州の［5-4-1］のブロックを掻い潜り、33分には李忠成がペナルティボックス左に流れながら左足を振り抜き、追加点をもたらした。済州のゴールはアウェイゴールとなり、試合の行方に大きく響く。1点を巡る攻防は拍車がかかり、どちらも譲る気配はない。とはいえ試合の主導権は浦和が握っている。

ここで、ミハイロ・ペトロヴィッチ監督は70分、李に代えて青木拓矢を投入。76分には駒井善成を下げて高木俊幸を入れ、着実にギアを上げていく。さらに相手が一人退場するが、攻め急ぎだけは注意して慎重に試合を進める。90＋1分には高木がゴール前で絶

好のチャンスにシュートを打つが、大きく外れる。その後もセットプレーの流れから槙野智章がヘディングで合わせるも、これはGKがキャッチ。そして、延長戦突入を告げるホイッスルが鳴った。

押しに押す浦和が自陣に引いた相手をどう崩すか。問題はそれだけだった。指揮官は100分に関根貴大に代え、ズラタンを投入した。ジリジリとした展開が続く中で、その時はやってきた。114分、高木のクロスを森脇良太が飛び込み右足で合わせ、ついに逆転弾を撃ち込んだ。

カウンター狙いにハマらず、有効に攻撃できた

この勝利の要因は、相手のカウンター狙いにハマらず、サイドを広げ、中からの攻撃を有効にできたことだ。揺るぎない信念と、絶対に負けないという強い気持ち、そしてチームが一丸となって戦ったことが、この結果につながった。

ただ、試合終了後に済州の選手が詰め寄り、お互いがヒートアップ。阿部勇樹にひじ打ちを見舞った選手が退場となるなど、乱闘騒ぎになったことは残念としか言いようがない。好ゲームに水を差す後味の悪さを残すものとなった。

(石田 達也)

Comment after game

コメント

10 KASHIWAGI Yosuke

“前回はセカンドボールを拾われたが、今回はプレスを掛けて蹴らせないようにメリハリをつけた。今までのラウンド16は2位通過で、ホームで始まっていたが、今回は逆のパターン。相手が引いてくるのも想定内だったけど、欲を言えば90分以内にもう1点を取りたかった。**チームは強くなっている**。気持ちで負けるつもりはないし、球際でもいい勝負ができている。”

―― 柏木 陽介

“入りはすごく良かった。落ち着いて試合を進められた。相手に引かれて中に入れるボールは慎重になったが、ミスはしょうがないと切り替えた。1対1で勝負できる場面も多く、もっと違ったプレーができたら良かった。変に縦パスを打ち込まず**サイドから崩すことを意識してプレー**した。”

―― 関根 貴大

SEKINE Takahiro 24

ROUND 16 2017.5.31
vs 済州ユナイテッドFC

9
MUTO Yuki

アウェイの課題を生かせた試合となった。チャンスを作り、攻守の切り替えをずっと意識してプレーした。**危険な奪われ方をしなかったのが今日の勝利**になった。

—— 武藤 雄樹

アウェイではカウンターで失点をしたので、今日は**近い距離をイメージして縦パスを入れた**。勝てて良かったです。

22
ABE Yuki —— 阿部 勇樹

1
NISHIKAWA Shusaku

相手がどこであろうと、今日のようなサッカーをしたい。**全員が絶対に勝つと話し合った**。後ろから鼓舞していい雰囲気を作れた。今日負けてしまっていたら、昨年と一緒。チームとして違う世界を見てみたい。

—— 西川 周作

Analysis of the game

ツヅキック

浦和レッズで活躍された元日本代表GK
都築龍太さんが試合を解説！

攻撃はパーフェクト。崩しもうまくいった

1戦目の反省を生かし、カウンターもくらわなかった

内容は最高だった。第1戦であれだけ浴びたカウンターもほとんど受けない戦い方だった。1戦目のようなビルドアップでのミスがなく、奪われたとしてもある程度陣形が整った状態だったので、ピンチが少なかった。1対1でも強く行けていたし、ピンチらしいピンチがほとんどなかった。いくつか数的同数の場面があったので、そこは今後の課題だけど、1戦目よりもバランスは良かった。

攻撃はパーフェクト。必要な点数を取れたのがすべて。崩しも非常にうまくいった。サイドを使ったときも中から崩したときも、2人目、3人目の動きがあって非常に良かった。それがレッズの本来の攻撃の形。左サイドに入った関根貴大選手は良い形でボールを受けて、積極的にしかける場面も多かった。

そうして良い展開のまま、前半のうちに2点を奪うことができた。まずは柏木陽介選手のセットプレーから興梠慎三選手。セットプレーで取れたことや、時間帯も含めて非常に大きかった。

2点目を奪った李。この日の攻撃は“完璧“

苦しい状況の中でも勝ち上がった

2点目はレッズらしい崩しだった。試合を通してレッズがボールを支配していた。そして延長戦に入り、決勝ゴールが生まれた。最後の森脇良太選手の得点は、高木俊幸選手のクロスでもう決まっていた。

1戦目で自分たちが苦しい状況を作ってしまったのも事実。正直、そんなに相手は強いチームではなかったし、レッズとはかなり実力差があった。そういう相手に苦しい状況を作ってしまった。それでも勝ち上がったのが素晴らしかった。今回は良い経験になったと思う。

メンバーも、バランスをとるときはこの形が良い。李忠成選手と興梠選手があの関係を保てるときは良い試合をする。武藤雄樹選手は守備も含めて本当によく頑張っている。全員が良いコンディションと良いモチベーションを保って、試合に入っていた。

次はどこと当たっても強いチームと対戦することになる。中でも川崎は、お互いに知り尽くしているだけに当たらないほうがいい。

QUARTER FINAL

2017.8.23
away in Kawasaki

vs Kawasaki Frontale

ACL 準々決勝 第1戦 2017.8.23（水）

等々力陸上競技場／18,080人

主審：モハンメド・A・モハメド（UAE） 天気：曇 気温：29.1℃

川崎F 3 （1-0 / 2-1） 1 浦和

得点 （川）33'小林 50'エウシーニョ 85'小林 （浦）76'武藤

交代 HT李▶武藤 70'矢島▶シルバ 87'興梠▶オナイウ

メンバー			EG採点
GK	1	西川 周作	5
DF	2	マウリシオ	5.5
DF	5	槙野 智章	5
DF	6	遠藤 航	5
MF	16	青木 拓矢	5.5
MF	18	駒井 善成	5
MF	22	阿部 勇樹	5.5
MF	38	菊池 大介	5
MF	39	矢島 慎也	5.5
FW	20	李 忠成	5.5
FW	30	興梠 慎三	5.5
FW	19	オナイウ 阿道	-
FW	8	ラファエル シルバ	5.5
FW	9	武藤 雄樹	6.5
監督		堀 孝史	5

SUB GK 榎本 MF 平川 MF 梅崎

ベスト8の相手はJリーグのライバルでもある川崎フロンターレ。
ラウンド16と同じく敵地から180分の戦いは幕を開けた。
しかし、結果は川崎の攻撃力に屈し1対3で敗戦。
武藤が貴重なアウェイゴールをもたらし
「済州戦よりも良い状況」で残りの90分へ臨むこととなった。

Point of the game
ポイント
番記者が勝敗の分かれ目などを振り返ります。

布陣を変えて臨むも3失点　武藤が1点を奪ったが……

リードを許して前半を折り返す

8月23日（水）のＡＦＣチャンピオンズリーグ準々決勝第1戦・川崎フロンターレ戦は、浦和レッズが1対3で敗れた。アジア制覇という互いの目標を果たそうと、両者の戦いは最後まで目が離せないものとなった。

浦和は［5-3-2］布陣。中盤はトリプルボランチで、2トップには李忠成と興梠慎三が構えた。試合前のウォーミングアップ中に柏木陽介が負傷するというアクシデントが起こり、急きょ、青木拓矢が中盤に入った。

川崎Ｆがボールを保持する時間が長くなった。浦和は相手がボールを持てば瞬時にブロックを作る。

32分に試合は動く。中村憲剛にペナルティエリアへの進入を許すと、マイナスの折り

返しを小林悠に決められた。

アウェイゴールを次につなげる

堀孝史監督は、後半の頭から李に代え武藤雄樹を投入し、布陣を［3-4-2-1］変更。得点を狙いにいくが、50分、カウンターから小林のシュートのこぼれ球をエウシーニョに押し込まれ、手痛い2失点目を喫した。

追いかける浦和は、運動量を上げ圧力を強め、試合のリズムを取り戻していく。70分に浦和は矢島慎也に代えラファエル・シルバを投入すると、その6分後、青木拓矢の縦パスを相手ＤＦの裏で武藤が受け、左足を振り抜いてネットを揺さぶった。

反撃の狼煙を上げたはずだったが、85分、家長昭博のクロスを小林に頭で押し込まれ、再び突き離される。その後は交代策をとるも、攻撃面での変化は生まれずタイムアップ。手痛い3失点での敗戦だが、アウェイゴールを奪ったことは第2戦に少なからずプラスに影響するだろう。

多くの選手は「済州戦よりも状況は良い」と口にする。だからこそ、その言葉を信じたい。

（石田 達也）

Comment after game

コメント

MUTO Yuki

9

最近なかなか点を取ることができていなかったので、ゴールを取ることができたこと、それが**アウェイゴールであることは前向きに捉えたい**。

―― 武藤 雄樹

3対1という結果だが、武藤（雄樹）が1点を決めてくれたので、次の試合では**2対0を狙っていくしかない**。2試合合計だから。切り替えるしかない。

―― 李 忠成

20

LEE Tadanari

1点を取れたことをポジティブに捉えたい。**済州戦を経験しているので、2戦目が大事**になる。済州戦よりは状況は良い。

―― 西川 周作

1

NISHIKAWA Shusaku

Maurício 2

ここまで自分たちが見せてきたものよりも低いものを見せてしまった。プレスの甘さがあり、相手のボランチにスペースを与え、チャンスを作られてしまった。**プレスの甘さは改善できる。**次の試合までに自分たちを見つめる必要がある。

── マウリシオ

次こそ後ろはしっかりと失点ゼロで抑えたい。**後半は攻撃の右の作りは悪くなかった**。押し込むシーンがあったので得点につなげたかった。クロスも狙っていたので、もう少し強いところをつければ。守備のブロックの引き方は3ボランチ気味にやることはあまりなかった。それをこれから続けるかは分からない。

── 遠藤 航

6 ENDO Wataru

ツヅキック

浦和レッズで活躍された元日本代表GK
都築龍太さんが試合を解説！

攻撃と守備のバランス。相手の力、そして最後の3失点目

柏木の負傷退場もあり、守備的に受けすぎた

残念な結果だった。これまでやってきたサッカーを180度変えたような内容だった。ディフェンシブだったのは柏木陽介選手の負傷欠場も要因だと思うけど、それにしてもディフェンシブ過ぎた。前半は特にチャンスもほとんどなく、全部受けてしまった。

中盤のプレスを掛けようとはしていたけど、それが効果的にならなかったのがかなりの誤算だったと思う。時間帯によっては下がってもいいけど、ボールの奪いどころをチーム全体で決めないと、相手は攻めやすい。

最後の局面で体を張って守る守備には限界がある。そんな中でサイドをかなり崩されて、長いランニングを強いられた。

川崎Fはかなり良かった。中盤からのプレッシャーも速いし、攻撃陣の能力もかなり高い。崩しはレッズが見せているようなサッカーで、一人がボールを持ったら前の選手が2、3人動き出して、中村憲剛選手が決定的なパスを出す。試合をとおして常に脅威があった。

バランスの悪さから、失点を重ねることに

守ることはありえないけど、失点するのもありえない

そして後半の立ち上がりに2失点目。これもかなり甘かった。阿部勇樹選手と青木拓矢選手の2人がエドゥアルド・ネット選手を見ていて、2人で挟もうとしたところの間を抜かれた。1人が厳しく行って、もう一人がカバーの位置をとるべきだった。遠藤航選手が中に入っているときに駒井善成選手のカバーもできていなかったし、その直前にFKから阿部浩之選手に打たれたシーンもあった。言い出すとキリがないけど、とにかくミスが重なった残念な失点だった。

攻守ともになかなか本来の攻撃の形が出せない中でも、貴重なアウェイゴールを奪うことができた。でも、これ以外は攻撃は何もなかったと思うぐらい。シュートは浦和が4本で川崎Fが18本。そして、もう1失点して試合終了。負けている状況での第2戦で守りに入ることはありえないけど、失点するのもありえない。次の試合がかなり厳しくなってしまったけど、点を取りにいくしかない。

QUARTER FINAL

2017.9.13

home in Saitama

vs Kawasaki Frontale

ACL 準々決勝第2戦 2017.9.13（水）

埼玉スタジアム2002／26,785人

主審:ファハド アルミルダシ（KSA） 天気:晴 気温:24.0℃

浦　和 4 1-1 3-0 1 川 崎 F

得点（浦）35'興梠 70'ズラタン 84'シルバ 86'高木
（川）19'エウシーニョ

交代 63'マウリシオ▶ズラタン 75'矢島▶駒井 90'興梠▶遠藤

メンバー			EG採点
GK	1	西川 周作	5.5
DF	2	マウリシオ	6.5
DF	5	槙野 智章	6
DF	46	森脇 良太	6.5
MF	8	ラファエル シルバ	6.5
MF	10	柏木 陽介	7
MF	13	高木 俊幸	7.5
MF	16	青木 拓矢	6
MF	22	阿部 勇樹	6.5
MF	39	矢島 慎也	6.5
FW	30	興梠 慎三	7
DF	6	遠藤 航	-
MF	18	駒井 善成	6.5
FW	21	ズラタン	7
監督		堀 孝史	7
SUB		GK 岩舘 MF 平川 MF 長澤 MF 梅崎	

歓喜と熱狂の埼玉スタジアム2002。
第1戦を1対3で落とした浦和が、
ラウンド16の済州戦と同じくホームでの第2戦で大逆転劇を演じてみせた。
興梠、ズラタン、ラファ、高木俊のゴールで4対1。
川崎フロンターレとの死闘を制し、9年ぶりのベスト4に名乗りを上げた。

Point of the game

ポイント

番記者が勝敗の分かれ目などを振り返ります。

攻めた浦和、ドラマは後半の終盤に

前半に失点を喫し、3点が必要になるも……

第1戦を1対3で落としている浦和レッズにとって、2対0での勝利か3点差以上での勝利が必要だった。この日の布陣は［4―1―4―1］。GKに西川周作、最終ラインには森脇良太、マウリシオ、阿部勇樹、槙野智章。アンカーに青木拓矢が構え、中盤にはラファエル・シルバ、柏木陽介、矢島慎也、高木俊幸、そして1トップには興梠慎三が入った。

目まぐるしく攻守が入れ替わる展開の中、浦和は気迫を前面に押し出していく。しかし19分、一瞬のスキから左サイドの裏に通され、GK西川もかわされ、エウシーニョに失点を許す。この時点で、浦和が勝ち抜くには3得点以上が必要になった。

しかし浦和も反撃。35分、矢島の鋭いスルーパスに走り込んだ興梠が冷静に流し込み、

同点に追い付く。この得点でゲームの流れは浦和に傾いた。38分に車屋紳太郎が退場処分になり相手が1人少なくなると、「攻める浦和、カウンターを狙う川崎F」という様相になった。

大逆転！ 9年ぶりのベスト4

後半に入り63分、指揮官はマウリシオに代え、ズラタンを投入。するとこれが当たり、70分、コーナーキックをズラタンが見事に合わせた。そのまま勢いに乗る浦和は一方的に川崎を押し込む。84分にラファエル・シルバが右足で決めると、86分には高木が森脇のセンタリングを左足で合わせ、合計スコアを5対4にし、試合をひっくり返した。最後はエース興梠に代えて遠藤航を投入し、守備を固めて失点を許さず、試合をクローズさせた。

相手が1人少ない状況でも攻めに攻めた浦和が得点を積み上げ、ミッションを成功させた。思い返せば、第1戦でのアウェイゴールが、無駄ではなく、この試合につながっていた。これで9年ぶり3度目のアジアベスト4に名乗りを上げた浦和。ここまできたのならば頂点まで上り詰めたい。

（石田 達也）

Comment after game

コメント

30

KOROKI Shinzo

前半も内容は良かった。あの退場で流れはきたし、レッドは可哀想だと思っていた。自分もああいうプレーはしないように気を付けていた。得点は矢島慎也のボールが良かった。**慎也の良さはラストパスがうまいところ**。

―― 興梠 慎三

TAKAGI Toshiyuki

13

アジアの大会でようやく結果を出せた。得点は100%足に当ていたが、ゴールを意識していなかった。中に折り返すことを意識して、シュートの意識は5%もなかった（笑）。**入っちゃうのかと自分でもびっくり**した。

―― 高木 俊幸

パーフェクト。ゴールで勝利に貢献できた。そしてベスト4までいけたのは夢のようで喜んでいる。前半も悪い内容ではなく、チームはやるべきことを見せていた。失点した後も、自分たちの強さ、メンタルの強さを出せた。4ゴールは素晴らしい、**リーグにもいいものをもたらす自信も生まれた**。

21

―― ズラタン リュビヤンキッチ

Zlatan Ljubijanki

MORIWAKI Ryota 46

「どうにか得点してくれよ」と高木に優しいパスを送った。**これ以上ない愛を贈った**。それをうまく応えてくれた。自分も打とうとしたが、打つな、というみんなの声が聞こえた気がした。トシがいい動きをしてくれた。失点して一瞬だけがっかりしたが、とにかく点を取ろうと。誰一人あきらめないことがいい方向につながった。

—— 森脇 良太

リーグで柏レイソルに負けてから今日の試合だった。まず、逆ブロックの試合が、あきらめないで戦っていけば最後まで分からないことを見せてくれた。僕らも済州と戦い、厳しい状況からひっくり返してステージを進んできた。川崎はもちろん簡単な相手ではなかった。退場者が出て、それでもカウンターを狙ってくる中で、自分たちは追いついて、みんなが慌てずに、1点1点返していくことを続けられた。僕らもあきらめずに戦ったし、**多くのサポーターも何かが起きそうな雰囲気を作ってくれた**。

—— 阿部 勇樹

22 ABE Yuki

Analysis of the game

ツヅキック

浦和レッズで活躍された元日本代表GK
都築龍太さんが試合を解説！

高木俊幸選手のゴールは必然的だった

退場者が試合を分けた

結果も内容も最高…だったけど、退場者がかなり大きなポイントだった。あそこで川崎Fは戦い方をハッキリさせて、それがレッズに有利に働いた。退場者が出る前も川崎Fは守ろうとして、レッズが勢いを持って攻めていた。そんな中で退場があったから、レッズのプランは変わったし、川崎Fはなおさら守りに入ったと思う。

失点は完全に隙を突かれた。3つのミスが重なった。出し手のところでプレッシャーを掛けられなかったこと、槙野智章選手のポジションと、西川周作選手がボールに触れなかったこと。特に槙野選手のポジションは明らかなミス。ボールしか見ていないし、出し手にプレッシャーが掛かっていないのなら、それなりのポジショニングがあるはず。彼のこの試合の唯一の反省点だった。

そのあとの逆転劇は、柏木陽介選手の復帰が大きい。彼がボールを展開できるから周りも動き出すし、その結果、厚みのある攻撃ができるようになった。

劇的な勝利、高木がヒーローに

必然的に生まれた逆転ゴール

そして、退場によって中村憲剛選手が交代したことも大きかった。もしかしたら鬼木達監督は後悔しているかもしれない。彼は中盤で守備もできる選手だし、いなくなったことで攻撃ができなくなった。

そこからはもう言うまでもない展開。得点シーンは相手が守備に人数を掛けている中でしっかり崩した。失点するリスクもあったけど、臆することなく攻撃を仕掛けられた。そして、最後は森脇良太選手のクロスから高木俊幸選手の素晴らしいゴールが決まった。「折り返し」って言わなくてもいいと思うけど（笑）、芸術的な形になった。気持ちで入れたのかなと思う。あまりそういう表現は好きではないけど。ボールが出なくても動いて、動いて、動き直してと続けていたので、必然的に起こったことだった。

川崎Fはたとえ1人退場になったとしても、簡単にあの結果を残せる相手じゃない。それを達成したことで、レッズは大きな自信をつけた。

SEMI FINAL

2017.9.27 away in Shanghai

vs Shanghai SIPG FC

"アジア4強"の相手は
グループステージでも対戦した上海上港。
完全敵地で迎えた第1戦はフッキに先制点を許す
厳しい立ち上がりとなった。
しかしけがから復帰した柏木が同点弾を決めると、
その後を耐えて1対1のドロー。
貴重なアウェイゴールを
持ち帰ることに成功した。

ACL 準決勝 第1戦 2017年9月27日(水)
上海体育場／33,513人
主審:アブドゥルラフマン アルジャシム(QAT) 天気:曇 気温:23℃

上海上港 1 (1-1 / 0-0) 1 浦　和

得点 (上) 15'フッキ (浦) 27'柏木
交代 80'シルバ▶高木 88'興梠▶ズラタン 90+3'柏木▶宇賀神

メンバー			EG採点
GK	1	西川 周作	6.5
DF	2	マウリシオ	6
DF	5	槙野 智章	6.5
DF	6	遠藤 航	6
MF	10	柏木 陽介	7
MF	15	長澤 和輝	6.5
MF	16	青木 拓矢	6
MF	22	阿部 勇樹	6.5
FW	8	ラファエル シルバ	5.5
FW	9	武藤 雄樹	6
FW	30	興梠 慎三	6.5
MF	3	宇賀神 友弥	-
FW	13	高木 俊幸	-
FW	2	ズラタン	-
監督		堀 孝史	6
SUB		GK 榎本 DF 森脇 MF 矢島 MF 梅崎	

Point of the game

ポイント

番記者が勝敗の分かれ目などを振り返ります。

押し込まれながらも1対1のドローで終える

規格外の個人技で失点

堀孝史監督や選手たちが予想していたとおり、簡単な試合ではなかった。むしろ苦しい試合だった。しかし選手たちは最後まで奮闘し続け、アウェイゴールと引き分けという結果を持ち帰った。

「まず守備から入ることが一番」（遠藤航）だった浦和は、負傷から復帰して以降、全試合にスタメン出場してきた森脇良太を外して右サイドバックに遠藤を回し、マウリシオと阿部勇樹でセンターバックを組んだ。左サイドバックに槙野智章、アンカーに青木拓矢が入り、右にラファエル・シルバ、左に武藤雄樹、インサイドハーフは柏木陽介と長澤和輝が組み、ワントップに興梠慎三が入った。

上海上港はフッキ、オスカル、エウケソンがスタメンにそろい、立ち上がりから浦和

を押し込む展開が続くと、15分にフッキの規格外の個人技から失点を許す。

しかし、興梠は「仕方ないで終わらせたくはないけど、味方に対して『何してんだよ』っていうよりは、『相手がスゲえな』」と話し、味方を責めるのではなく相手を称賛。気落ちさせずに試合に戻る。得点を機に一気に守勢に回った上海上港に対して、浦和はポゼッションを高めていった。迎えた27分、青木の浮き球のパスに興梠がディフェンスラインの裏に抜け出すと、落としを受けた柏木が右足で決め、同点に追いついた。

苦しい展開が続くも「優位に立てる結果」

ここからは上海上港が再び攻勢を強め、ボランチのアフメドフも勢いを持って前線に顔を出し、浦和は押し込まれた。それでも西川周作が好セーブでピンチを救い、守備陣も最後の局面で体を投げ出して守り続けた。決定的なピンチでシュートがポストに直撃する幸運もあったが、最後まで追加点を許さなかった。

シュート数は浦和の3本に対して上海上港が21本。この数字がいかに苦しい戦いを強いられたかを物語っている。しかし、アウェイゴールを奪った1対1のドローは、第2戦に向け、浦和にとって「優位に立てる結果」（興梠）だ。

（菊地 正典）

Comment after game

コメント

1 NISHIKAWA Shusaku

“フッキのゴールはピッチコンディションも考えたシュートだったと思うし、何としても止めたかった。第2戦はもっと遠い位置から狙ってくると思うし、グループステージを含めて2点やられているので、今度こそは、という思いが強い。先に失点したとしても、追加点がなければ必ず流れは引き寄せられる。GKとして、流れが悪くても相手に流れをやらない仕事が、今日はある程度できたと思う。**失点はしたけど、久しぶりに充実感が味わえた**。”

―― 西川 周作

“悪くない結果じゃないですかね。右サイドバックでのプレーもそんなに悪くなかったと思うし、基本的にウー・レイ選手を見る役割で、そんなに崩される場面はなかった。前に出て行くときと後ろに残るときのバランスを見ながらプレーしていたし、**チームとしても切り替えや守備の意識は強く持てていた**。個の能力で1点やられたけど、それ以外はしっかり体を張って守れていた。”

―― 遠藤 航

6 ENDO Wataru

10 KASHIWAGI Yosuke

“**自分のゴールは非常に評価できる**。ただ個人的に、自分が一番という評価をもらうのは心苦しい。自分の中では全然納得していないし、もっと質の高いプレー、チームに貢献できるプレーができたと思う。次に対戦するときは、良い位置で受けて、ゴールを狙うときと落ち着かせるときのメリハリをつけてプレーしたい。”

—— 柏木 陽介

“アウェイはすごく難しい試合になると思っていたし、予想どおり厳しい試合だった。それでも最低限の1対1で終えたことで、**次のホームで優位に立てる**。ディフェンスは自分にも厳しく来ていたけど、もう少しキープしたかった。アシストの場面は、柏木陽介がうまく決めてくれた。あの時間帯で追いつけたのは良かった。そのあとは守備陣がすごく頑張ってくれた。”

—— 興梠 慎三

30 KOROKI Shinzo

Analysis of the game
ツヅキック

浦和レッズで活躍された元日本代表GK
都築龍太さんが試合を解説！

レッズのシステムと采配勝ち

第2戦でも突ける弱点

浦和レッズにとって、アウェイゴールを奪っての引き分けは上々の結果と言える。スタメンを見て、レッズはかなり守備的に来るかなと思ったけど、槙野智章選手がフッキ選手にほぼマンマーク気味でついてつぶせていた。

攻撃は回数こそ多くなかったけど、質は良かった。上海上港の守備は甘く、そこが弱点だと思う。そこは第2戦も突ける。

それにしても失点シーンは……。青木拓矢選手が弾き飛ばされ、槙野選手がかわされ、とんでもないミドルシュートが飛んできた。フリーで打たせるとああいうシュートが飛んでくる。ほかにもプレッシャーを掛けられない場面があったけど、第2戦ではそういう一瞬の油断も命取りになる。

ただ、上海上港の攻撃は個人技頼みの印象がある。連係があったとしても二人ぐらい。次もフッキのところで守備を頑張れば、良い試合ができる。

体を張って守り、最少失点で切り抜けた

中盤がカギを握る

阿部勇樹選手が最終ラインに下がり、中盤を任されたのは青木選手だった。バランスを取りながら、前に行く時はしっかり行けるし、守備も機能していた。もう少しサイドを使って展開を大きくできればチャンスはできていたと思うけど、アウェイでは失点をしないことのほうが重要だから。

今日の試合はレッズのシステムと采配勝ちという印象がある。やっぱりオスカルとフッキはうまい。この二人をどう抑えるか。ポゼッションは握れても危ないシーンは出てくるし、ポストに当たったＦＫや相手が外してくれたシュートもあった。

フッキが中盤に下がってボールをもらいたがるので、中盤で前を向かれたらピンチになる。第2戦では、中盤で守る意識がないと抑えられない。槙野選手がフッキにどれだけついていけるか、ボランチと最終ラインの守備の連係がとれるか。

Away Column

エルゴラッソ番記者のアウェイ戦記

トランジットみたい。羽田に着いてから9時間かかって…

もう現地到着の前から大変だった。今年二度目の上海。半年余り前に行ったばかりでこなれたものだと思っていたが、どうにもならないアクシデントである。

羽田から上海へ向かうフライト出発予定時間は8時40分。国際線なので余裕を持って2時間前に着くとすると、相当早い時間に起床しなければならなかった。

無事に寝坊、遅刻することなく空港に着くことができたのだが、フライト情報を見た途端、一気に目が覚めた。何と5時間の遅延。前日の台風の影響で機体が到着していないという致し方ない理由ではあったが、まさかの事態である。

2017.9.27 in Shanghai

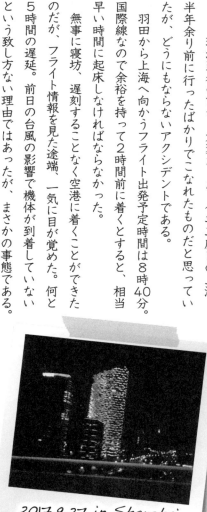

さらにその予定から1時間遅れ、15時前にようやく日本を発つことができた。

羽田空港から上海浦東国際空港までは約3時間、本来の到着予定時刻は10時40分で余裕を持って公式練習、前日会見に間に合うはずだったが…。

一方、帰りは値段を優先したため、上海発、小松空港経由、羽田着という旅程に。少なくとも他の取材陣は誰も選んでおらず、周囲に伝えるたびに「は?」と言われるか笑われるかのどちらかだったトリッキーな便を自ら選択した。しかも小松空港では乗り継ぎまで5時間もあった。決して大きいとは言えない空港でどう過ごそうと思っていたのだが…、JALに相談してみたところ無料で早い便に変更できた。ありがとう日本航空。そもそも、上海からの直行便を選んでいたらそんなことすら必要なかったのだけれど。

あっ、今回は無事に小籠包を食べることができました。

中華人民共和国

首都 北京
面積 約960万km²(日本の約26倍)
人口 約13億7,600万人 言語 中国語

夜景や料理も魅力の上海

成長著しい上海は、世界屈指の夜景も見どころの一つ。また、日本でも小籠包が人気となっている上海料理は、四大中華料理の一つ。海産物を使ったメニューが多く、あまり辛くない味付けのため世界中で人気だ。

日本との時差：−1時間
東京からの距離：約1,765km
(飛行機で約3時間)

SEMI FINAL

2017.10.18 home in Saitama

vs Shanghai SIPG FC

4万人を超える浦和サポーターが、
勝てば文句なしでファイナル進出が決まる一戦で、
間違いなくチームを後押しした。
得点はラファエル・シルバの1点のみ。
しかし、サポーターの声とともに奪い取ったこのゴールが、
浦和を10年ぶりのACL決勝へと導いた。

© Atsushi Tokumaru

ACL 準決勝 第2戦 2017.10.18（水）
埼玉スタジアム2002／44,357人
主審：クリストファー・ビース（AUS）天気：晴 気温：16.5℃

浦　和 1 1-0 0-0 0 上海上港

得点（浦）12'シルバ

交代 68'シルバ▶ズラタン 82'柏木▶梅崎 90+3'興梠▶李

メンバー			EG採点
GK	1	西川 周作	6.5
DF	2	マウリシオ	6.5
DF	5	槙野 智章	7
DF	6	遠藤 航	6.5
DF	22	阿部 勇樹	7
MF	8	ラファエル シルバ	7
MF	9	武藤 雄樹	6.5
MF	10	柏木 陽介	7
MF	15	長澤 和輝	6.5
MF	16	青木 拓矢	6.5
FW	30	興梠 慎三	6.5
MF	7	梅崎 司	-
FW	20	李 忠成	-
FW	21	ズラタン	6
監督		堀 孝史	6.5
SUB		GK 榎本 DF 宇賀神 MF 矢島 FW 高木	

Point of the game

ポイント

番記者が勝敗の分かれ目などを振り返ります。

勝敗を分けたのは得点直後のコーナーキック

サポーターの後押しで生まれた決勝点

記者席にいて、揺れを感じた。

試合前、選手がウォームアップのためにピッチに姿を見せると、ゴール裏に集結したサポーターが飛び跳ね、声を上げた。「決めろ、浦和の男なら」と。そして、繰り返される浦和レッズコール。「ともに戦うぞ! 俺らに任せておけよ!」。そんな強い気持ちが感じられた。

11分、試合が動いた。[4-1-4-1]の前線の4枚の中央に位置したMF長澤和輝が体を張って得た左コーナーキック。柏木陽介から繰り出されたボールは、中央のラファエル・シルバの頭にピタリと合い、ゴールネットを揺らした。

結果、この1点が決勝点となり、浦和は10年ぶりに決勝進出を決めるのである。

得点直後の柏木の鼓舞

勝敗を分けたポイントは、この得点直後にある。11分に先制点を奪った直後の12分。上海上港もコーナーキックを得た。このとき、中盤から自陣のペナルティエリアに向かって走り寄り、仲間の集中を促したのは、柏木だった。同時に、埼スタを赤く染めたサポーターも大きな声でチームを鼓舞した。試合が動いたあとは、一番危ない時間帯だ。柏木は「一番やられてはいけない時だった。決められたら雰囲気が悪くなってしまうところだったから」と振り返る。メンタル面でも、ここをしのいだことは大きな自信になった。このピンチを切り抜けたことが、最終的に1対0の結果に表れた。

その後もピッチ内、スタンドが一体となり、サポーターの声は攻撃でチームに勢いをつけ、守備で彼らの集中を保たせた。

早い時間に先制点が決まり、その後の好機をモノにできなかったことで、相手に長い時間ボールを持たれた。だが今日は、第1戦以上のパワーを上海上港から感じなかった。いや、選手、サポーターの気迫と覚悟が、相手の力を弱まらせたのだろう。

次はいよいよ、10年ぶりの決勝だ。

（有賀 久子）

Comment after game

コメント

22 ABE Yuki

アウェイで1対1のドローで帰ってきて、ここホームで勝てば、次のステージへ行ける。ドローでも0対0ならばOKという状況で、僕らがやるべきことは、まず失点しないこと。それを意識して戦ったし、その中で恐れずにプレーしていこうとみんなで話をしていたので、先に点を取ることができた。簡単な試合ではなかったが、失点ゼロに抑えて勝てたので良かった。10年ぶりに決勝へ進めたことはうれしく思う。だけど、**まだ進んだだけで何も成し遂げていない**。対戦相手でわかっていることは、サウジのチームで、準決勝も1戦目は4対0で、2戦目は引き分けということだけ。今日の試合が重要だったので、それしか頭になかった。

―― 阿部 勇樹

ENDO Wataru 6

セットプレーは練習していた。良い形で点を取ることができた。最初はできるだけ高い位置でボールを奪いに行く姿勢を見せていきたかったが、バランスだけは崩さないようにしていた。**攻守の切り替えや1対1の球際の部分は意識**していたし、特に守備意識は中盤の選手を含めて高かった。フッキ選手を中心に攻撃をしてくる中で、槙野くんが90分間しっかりとつぶしていて、あとは真ん中に流れてきたときに中盤の青木くんだったり、柏木さんだったりが左足を警戒し、そんなに良い形ではシュートを打たせなかった。

―― 遠藤 航

この結果を得られたことがうれしいし、また良い準備をして、今度はタイトルを取りに行きたい。貴重なゴールが決まり、その後、守備の時間が長かったが、集中を切らすことなく戦えたことが結果につながった。もっとチームは良くなる。多くのサポーターの後押しが、われわれの集中力をさらに高めてくれて、今日の結果につながった。もう一度1つになって、**最後には笑い、皆さんとタイトルを喜び合いたい**。

―― マウリシオ

2 Maurício

Analysis of the game

ツヅキック

浦和レッズで活躍された元日本代表GK
都築龍太さんが試合を解説！

戦術勝ち。本当に良い試合だった

あえて持たせて勝った

上海上港のほうがボールを持つ時間が長かったけど、浦和があえて持たせていた。相手のポイントとなるところはしっかり守って、数少ないチャンスで確実に決めたことは評価できる。特に槙野智章選手は、2試合をとおしてフッキ選手を抑えていた。

今回は遠藤航選手も良かった。サイドは不慣れなポジションだけど、効果的に上がって、守っていた。回数は多くなかったけど、上がったときは良いボールを上げていた。

オスカル選手はサッカーを良く知っていてうまいけど、全体でバランスの良いチームにいて、中盤でボールをさばきながらチャンスを作っていく選手。それが上海上港では得意なこと以外にもパワーを使わないといけない。上海上港にいるオスカルは守りやすい選手だった。

それ以上に注意しないといけないのはフッキだった。第2戦は第1戦ほど槙野選手がマンツーマンではなく、ほかの選手がフッキと対峙しても負けていなかった。それも評価できる。

フッキは槙野の徹底マークを嫌がっていた

まずはアウェイで勝って帰ってきたい

上海上港側から見ると、もったいない試合でもあった。あの人数で攻撃するなら、もっと周りの中国人選手を機能させる必要がある。それができればもっと良いチームになる。広州恒大が強かったときはそれができていた。レッズからすると、上海上港はやりやすい相手だった。

決勝の相手はサウジアラビアのアル・ヒラルになった。強いと思う。今季のACLではまだ負けていない。リーグ戦でも今年に入ってからは一度も負けていない。チーム全体の総力戦になる。

レッズは決勝前にドバイで調整するようだ。中東は独特の雰囲気がある。今のACLだと西アジアのチームとは決勝でしか当たらないけど、僕らの頃は決勝トーナメント初戦から当たっていた。1試合目は大事になる。まずはアウェイで勝つか、最低でも引き分けなら第2戦につながる。

FINAL

2017.11.18 away in Riyadh

vs Al-Hilal Saudi Football Club

アジア王者を懸けた戦いは、
中東屈指の名門で今季のACL無敗のアル・ヒラルと争うことになった。
迎えた敵地での第1戦は守勢に回されながらも、耐え忍んで1対1のドロー。
「最悪の内容ながら最高の結果」で折り返し、
運命の埼スタ決戦を迎えることになった。

ACL 決勝 第1戦 2017.11.18(土)
キングファハド・インターナショナルスタジアム/59,136人
主審:アドハム・マハドメ(JOR) 天気:晴 気温:22.0℃

アル・ヒラル 1 1-1 0-0 1 浦 和

得点 (ア)37'ハルビン (浦)7'シルバ

交代 65'シルバ▶ズラタン 77'長澤▶梅崎 87'興梠▶高木

メンバー			EG採点
GK	1	西川 周作	7
DF	5	槙野 智章	6.5
DF	6	遠藤 航	6
MF	3	宇賀神 友弥	5
MF	10	柏木 陽介	6
MF	15	長澤 和輝	6
MF	16	青木 拓矢	6
MF	22	阿部 勇樹	6
FW	8	ラファエル シルバ	6.5
FW	9	武藤 雄樹	6
FW	30	興梠 慎三	6
MF	7	梅崎 司	-
FW	13	高木 俊幸	-
FW	21	ズラタン	6
監督		堀 孝史	6.5
SUB		GK 榎本 DF 那須 DF 森脇 MF 矢島	

\#ここから応援/ ACL決勝第1戦 アル・ヒラル戦

私はここから浦和レッズを応援していた!! 試合前編

試合前 0:00

0:30　0:15

0:19 HIRO号泣
@HIROGOKYUU
レアルマドリッドとの決戦にアラブ首長国連邦に行く事は決まってるからなんとしてもACL覇者になりかつ勝ち上がって宿敵のマドリーに勝って欲しい。

0:36 麺毒斎
@johnny_bluewood
お茶スタ(お茶の間スタジアム)から子猫とともにWe are REDS!

0:37 しのしの
@cyobisino
スポーツ居酒屋サラで応援!!

0:13 インテンシティ/世界の道もリーグから!
@Urawa_intensity
自宅!レプリカ着用で戦闘準備万端!

0:13 モビを
@DQueque
日付が変わって今日は仕事ですが家でがっつりサポートします。

0:13 レッズプレス!!
@REDSPRESS
●ACL決勝、ここから応援●
レッズプレス!!では、酒蔵力浦和本店で応援する浦和レッズサポーターに密着!!

0:14 目指せ70台!
@Hsmy1Hsmy
会社の会議室からピン観戦

0:15 おかっぱ秋田犬元気
@okappagenki
自宅で家族と!

0:06 レッズプレス!!
@REDSPRESS
●ACL決勝、ここから応援●
まもなくキックオフされるACL決勝第1戦・アルヒラル戦。皆様はどこから応援されますか?ハッシュタグ #ここから応援 をつけて、ぜひツイートしてください!こちらのアカウントでリツイートさせていただきます。皆様のチカラを結集させましょう!!

0:07 Sakuya
@BcshWmlG6lmK8bc
MY HOME

0:08 モコ太@
@urawanoace
BS日テレの見れる実家から!一人ですが応援!!

0:08 レッズプレス!!
@REDSPRESS
●ACL決勝、ここから応援●
キングファハド国際スタジアムはアル・ヒラルサポーターの大歓声ですさまじい雰囲気ですが、200人超の頼もしいレッズサポーターもいます!

1月18日未明、浦和レッズが中東のサウジアラビアでACL決勝第1戦を戦っている中、「REDS PRESS」はtwitter上で「#ここから応援」キャンペーンを実施した。
サポーターは、この日どこからチームに声援を送っていたのか。
現地、また酒蔵力での取材を行った「REDS PRESS」のツイートともに、
掲載許可をいただいた皆さんの熱き応援姿勢をここで振り返る。

1:15　1:00　0:45

1:13 オジートニーギーザビル
@taku_yzfr1

新潟のホテルで応援!さあ!行こうぜ!浦和!赤き血のイレブンよ!世界に見せつけろ!俺たちの誇り!

1:14 橋龍の母
@aka20hashihaha

自宅なので静かに熱く

1:15 Mimuno◆タイトル奪取2018◆
@mimuno

今日はここから

0:51 らむね
@URAWA666

自宅で応援します 絶対勝つぞ

1:00 霜月/しらい
@gameyuuki

留学中!!ベトナム・ハノイの地から応援!!Cố lên! Urawa Reds!!

1:09 ～yukko～
@yukkopon

下北沢からWE ARE REDS!

0:42 レッズプレス!!
@REDSPRESS

●ACL決勝、ここから応援●
酒蔵力は営業時間変更で、ACL決勝第1戦に対応です!深夜営業 身分証提示も促しています!

0:45 うらワールド
@yukireds0301

グランパス一色の名古屋HUBから!

0:45 Hiroki_M_SMILE
@Hiroki_M_SMILE

レッズ戦では10年ぶりに頭に巻くかな。

私はここから浦和レッズを応援していた!! 試合中編

KICK OFF!
1:20

7' ラファエル・シルバ GOAL!! 1-0

1:30

1:45

37' 相手GOAL 1-1

2:00

ハーフタイム
2:15

1:20 レッズプレス!! @REDSPRESS
●ACL決勝、ここから応援●
酒蔵力でも、キックオフ!

1:27 レッズプレス!! @REDSPRESS
●ACL決勝、ここから応援●
酒蔵力浦和本店も
We are REDS!!やりました!!
1-0浦和レッズリード
集中!!の声が酒蔵力浦和本店に響きます!!

1:33 せみこ @semico_r
みんなケガだけは気をつけて一相手はガツガツ来てるから!

1:42 レッズプレス!! @REDSPRESS
●ACL決勝、ここから応援●
西川周作選手のセーブ【文化シャッターセーブ】に酒蔵力浦和本店は西川コール!!

1:58 レッズプレス!! @REDSPRESS
●ACL決勝、ここから応援●
1-1となり、「切り替え」「大丈夫だ!」「集中!」「カウンターに注意」の声が飛び交う酒蔵力浦和本店。

2:06 レッズプレス!! @REDSPRESS
●ACL決勝、ここから応援●
酒蔵力浦和本店。前半を終え、1-1です!

Hiroki_M_SMILE @Hiroki_M_SMILE
前半追いつかれたけど、よく耐えた。
あえて無理して攻めに行かないのは策だと捉えたい。

2:14 aki@蹴球王子王女mam @redoujioujyo
与野「サムライ」

2:14 レッズプレス!! @REDSPRESS
●ACL決勝、ここから応援●
酒蔵力浦和本店で応援中のレッズ女性サポーターさんから「お仕事頑張って下さい」と甘い物の差し入れ。嬉しいです。さぁ、後半!!タオマフ巻いて仕事しつつ、応援します!

2017.11.18

試合終了 1-1

3:00

3:15

2:45

2:30

後半KICK OFF!

3:13 Hiroki_M_SMILE @Hiroki_M_SMILE
よく守った…!!さあ、次は「俺達の家」での試合だ。ここまで来たからには、絶対にアジアを獲る…!

3:13 レッズプレス!! @REDSPRESS
●ACL決勝、ここから応援●
1-1 試合終了 1-1は2007年と同じ。埼スタで会いましょう!! #ここから応援 ツイートありがとうございます。酒蔵力浦和本店では、これからお会計タイム。

3:47 レッズプレス!! @REDSPRESS
●ACL決勝、ここから応援●
酒蔵力浦和本店で応援してきました!
ちょっと早いクリスマスプレゼントとなるように。

2:49 あいりーん @airi1313
浦和の自宅からWe Are REDS!

2:59 りん Fuji_a_ya @Rin1973
深夜に叫ぶと近所迷惑なので、大画面で観られる宿をとりました。

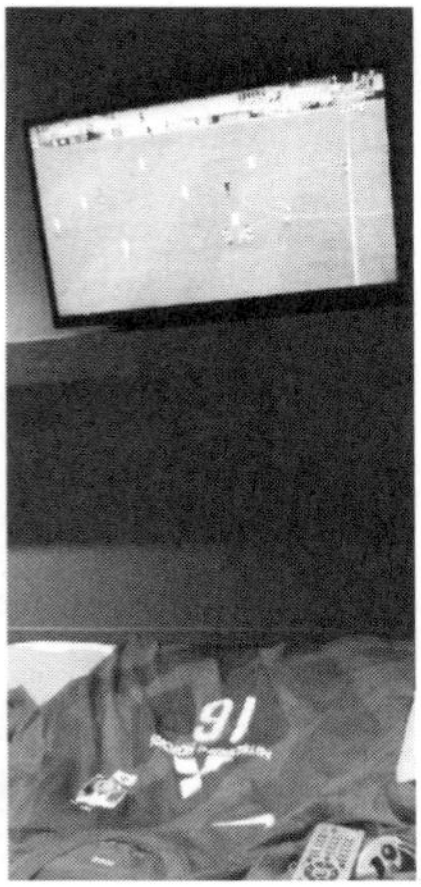

3:07 レッズプレス!! @REDSPRESS
●ACL決勝、ここから応援●
酒蔵力浦和本店で応援中!アディショナルタイムは4分。「点数取れる」「長いなあ」さまざまな反応です。

2:20 H....BE @dirtyoldmen4613
せっかく東京から来たのに浦和駅周辺は全滅だったので、悔しながらマン喫へ。。。泣

2:22 レッズプレス!! @REDSPRESS
●ACL決勝、ここから応援●
酒蔵力浦和本店で応援中!後半がキックオフ。ウガ、頑張れ!の声が飛びかいます。

2:27 白鹿馬 @Suzukichi10
自宅で妻と娘を起こさないように声を殺して応援。アルヒラル強いけど、こっから勝ち越しだ!支配率なんてカンケーねー!

2:41 レッズプレス!! @REDSPRESS
●ACL決勝、ここから応援●
酒蔵力浦和本店で応援中!ラファの状態には不安と心配の声。ズラタン投入で、ズラタンコールが起こります。

Point of the game

ポイント

番記者が勝敗の分かれ目などを振り返ります。

内容は最悪、結果は最高

攻撃より守備を優先

よく耐えた。そう言うほかないだろう。柏木陽介は「内容は最悪。『これが決勝か？』っていうぐらいの試合」と自虐的に表現し、実際に90分をとおして苦しい戦いを強いられた。しかし、同時に結果については「最高」と、真逆の表現をした。

得点は開始早々に動いた。長澤和輝のパスを受けたラファエル・シルバが「自分の特長の一つ」と言うスピードを生かした突破からグラウンダーのクロスを入れる。これは相手ＤＦにクリアされたかと思われたが、こぼれ球を再び拾ったラファエル・シルバが押し込み、浦和が先制に成功した。

そこからは我慢の時間帯が続いた。押し込まれる展開が続くことを想定していたとおり、アル・ヒラルの圧力は相当のものだった。それでもファインセーブを何度も見せた西川

周作をはじめ、守備陣は集中を切らさずに耐え続けた。37分には、何度も狙われていた浦和の左サイドからの折り返しからオマル・ハルビンに決められてゴールを許したが、その後はピンチがありながら追加点を許さなかった。

前日に「みんなと話し合って守り方を確認した。どちらかと言うと攻撃より守備」と話していた興梠慎三は、「攻撃陣も点を取りにいくよりは守り切ろうと話していた。狙いどおりの戦いだった」と試合後に話した。この結果を得られた大きな要因は、チーム全体の守備意識だった。

小さくない一歩。それは過去が証明している

アウェイの第1戦で1対1という結果は、準決勝の上海上港戦、そして2007年の決勝、セパハン戦と同じスコアだ。アウェイゴールを奪っての引き分けは、頂点に向けて決して小さくない一歩だったことは過去が証明している。

25日に埼玉スタジアムで行われる第2戦。サポーターはキング・ファハド国際スタジアムに負けない雰囲気を作り、浦和レッズはすべてを尽くした戦いを繰り広げてくれるはずだ。

（菊地 正典）

Comment after game
コメント

1 NISHIKAWA Shusaku

“今日はアウェイで、始まる前から非常に難しい試合になることは分かっていた。その中で最低限の結果を持ち帰ることができた。ただ、**何もまだ成し遂げていない**ので、ホームで必ず勝ってアジアチャンピオンになりたい。”

―― 西川 周作

“**スピードを生かした突破は自分の特長の一つ**だ。ラッキーなことに、DFがクリアしようとしたボールをまた拾うことができて決められた。得点後は苦しい時間帯が長かったし、圧倒的に相手のシュートチャンスが多かった。また一週間の準備期間があるので、セカンドレグはしっかりと自分の強みを見せていきたい。”

―― ラファエル シルバ

8 Rafael Silva

“守備的になるのは試合前から想定していた。アウェイだし、**今日は結果的には最高。逆に内容は最悪**というか、前半は特に「これ決勝か？」と思うぐらいの試合をしていた。後半はチャンスは少なかったけど、前半に比べれば危ないシーンも少なかったし、自分たちもある程度動けていた。”

―― 柏木 陽介

10 KASHIWAGI Yosuke

7
UMESAKI Tsukasa

“何度か良い形でボールを受けられて、クロスやシュートまでいけていた。**シュートのシーンはすごく良い感触だったし、入ったと思った**けど、GKに触られた。あのスタジアムの雰囲気は今まででも経験したことはないですね。中国ともまた違う一体感や威圧感があった。今までにない経験ができたのは大きかった。1対1という結果は悪くない。第2戦につなげられた。今日は乾燥していて息が辛かったけど、ホームに帰ったら自分たちにアドバンテージがあるし、もっと自分たちのサッカーを見せていきたい。”

―― 梅崎 司

“相手のプレッシャーは、足元に入ってきたらある程度はキープできるけど、前半は中途半端なボールが多くてなかなかキープできなかった。後半は足元に入ってきて受けられたので、攻撃も何回か良い形で作れていた。ホームではもっと良い形を作りたい。今日は厳しい戦いになるだろうと思っていたし、守備に追われる時間が多いと思っていた。こういう中東での戦いはすごく難しいので、1対1で終えたことは個人的には良い結果だと思っている。前半に相手が奪いに来ていたから、後半は動きが落ちた。**ホームでは前半から浦和があれぐらい行かないといけない。**”

―― 興梠 慎三

30
KOROKI Shinzo

Analysis of the game

ツヅキック

浦和レッズで活躍された元日本代表GK
都築龍太さんが試合を解説!

相手の最終ラインには、付け入る隙がある

アル・ヒラルは明らかに良いチームだった

結果は良かったけど、内容は相手が良かった。アル・ヒラルは上海上港よりも組織がしっかりしていて、個人の能力も高く、明らかに良いチームだった。

特にサイドを使ったときの攻撃。浦和は迂闊に攻めてカウンターを食らうことが怖かった。アル・ヒラルは途中までは余裕があり、「ゴールは取れるだろう」と自信を持って攻めていたけど、終盤はかなり焦っていたから、それに助けられた部分もある。

逆に浦和は、ラインを下げて、常に準備してディフェンスできる状態を作ったことが、引き分けに持ち込めた大きな要因だった。相手の力を見極めて、戦い方を相手に合わせたことが良かった。それはこれまでのトーナメントの経験が生きていた。

西川周作選手は良いポジションでどっしり構えていた。彼がいなかったらあと2点は取られていたと思う。最終的に1対の結果は、試合内容と相手の力を含めても評価できる。

© Getty Images
第1戦で見えたのは"相手最終ラインの隙"

何とか勝って優勝してほしい

ラファエル・シルバ選手のゴールシーンで相手の弱点が見えた。ディフェンスラインは付け入る隙があり、パスをつなげればチャンスは作れる。それに、個人のスピードで打開された時は対応できない。守備はそれほど強くないと思う。

ただ、先制した後は防戦一方の展開が続いた。今回の試合だけを見れば、1対1がアドバンテージとは言えないぐらい力の差があった。相手が作ったチャンスはかなり質が高かった。第1戦の結果は良いけど、ホームでも気は抜けない。宇賀神友弥選手のところはかなり狙われたし、個人で負けた局面もある。トップのオマル・ハルビン選手は自由にやらせてはいけないし、質の良いボールも上がってくる。

それでも、優勝の可能性を十分に残す結果だ。第2戦は埼玉スタジアムで盛り上がるだろうし、楽しみな試合になる。何とか勝って優勝してほしい。

Away Column

エルゴラッソ番記者のアウェイ戦記

第1次サウード王国時代の都市遺跡は圧巻

サウジアラビアは厳格なイスラムの国、というイメージがあったのだが、空港職員は実に陽気だった。出入国管理の職員も、白い民族衣装を着てはいるけど、他の職員と談笑するわ、ボールペンを投げ合って遊ぶわ、パスポートの写真と激変した僕の容姿を見て「Return to Japan!…カッカッカッ」と笑うわ…自由か。

街の人の雰囲気も明るいし、勝手にイメージするイスラムの国とは少し印象が違った。これまで行った国とは勝手が違うのではと危惧していたけど、特に困らなかった。

食事に関して、サウジアラビアらしい食事ができなかっ

2017.11.17 in Riyadh

たことは残念だった。ただ、帰りの飛行機で食べた機内食がひとつの例外もなく口に合わなかったので、結果的には正解だったのかもしれない。

スーパーマーケットには当然、イスラムでは厳禁とされているアルコール類は売っていなかったけど、当時発売されたばかりだったiPhone Xが売っていたのは驚いた。さすがは世界一裕福と言われる国である。

試合翌日、リヤドを発つのは夜だったため、昼には世界遺産であるディルイーヤのツライフ地区へ。工事中で入れない場所もたくさんあったし、日曜日だったからか周辺の店がすべて開いていないという不運にも遭ったが、第一次サウード王国時代の都市遺跡（写真）は圧巻だった。今回、僕らは日本の外務省、サウジアラビア政府の協力もあって入国することができたけど、今後は観光ビザを発給するよう。リヤドに行く機会があれば、是非。

サウジアラビア王国

首都 リヤド
面積 約215万km^2（日本の約5.7倍）
人口 約3,228万人　**言語** アラビア語

キングダムセンターがそびえるリヤド

サウジアラビアは聖地メッカを有するイスラム教国で厳しい戒律も持つが、近年は女性の自動車運転が許可され、観光ビザも解禁されるなど大きく変化。リヤドは同国の首都で、高さ302mのキングダムセンターなどが有名。

日本との時差：−6時間
東京からの距離：約8,900km
（飛行機で約15時間）

FINAL

2017.11.25 home in Saitama

vs Al-Hilal Saudi Football Club

北ゴール裏の2007の星、バックスタンドのクラブエンブレムとACLトロフィー、
南ゴール裏の2017の星、そして、それらを結んだ波打つリボン。
この日、埼スタを彩った、世界に誇るサポーターのコレオグラフィー。
試合前だけでなく、試合後にも姿を見せたことが、アジアの頂点に立った証だ。
浦和レッズ、10年ぶりのアジア制覇を達成——。

© Norio Rokukawa

ACL 決勝 第2戦 2017.11.25（土）
埼玉スタジアム2002／57,727人
主審：ラフシャン・イルマトフ（UZB）天気：晴 気温：14.6℃

浦　和 1 0-0 1-0 0 アル・ヒラル

得点（浦）88' シルバ

交代 74'宇賀神▶マウリシオ 84'興梠▶ズラタン 90+3'柏木▶梅崎

メンバー			EG採点
GK	1	西川 周作	6.5
DF	3	宇賀神 友弥	6
DF	5	槙野 智章	6.5
DF	6	遠藤 航	6.5
DF	22	阿部 勇樹	6.5
MF	8	ラファエル シルバ	7.5
MF	9	武藤 雄樹	6.5
MF	10	柏木 陽介	7
MF	15	長澤 和輝	7
MF	16	青木 拓矢	6.5
FW	30	興梠 慎三	6.5
DF	2	マウリシオ	6.5
MF	7	梅崎 司	-
FW	21	ズラタン	-
監督		堀 孝史	7.5
SUB		GK 榎本 DF 森脇 MF 矢島 FW 高木	

Point of the game
ポイント
番記者が勝敗の分かれ目などを振り返ります。

前任者へ捧げる敬意と感謝 10年ぶりのアジア制覇達成

耐えに耐えて訪れた歓喜の瞬間

第1戦、執拗にサイドを攻められた反省を生かし、第2戦は長澤和輝を前線で起用した［4-4-2］の布陣。よく守れてはいたが、守備から攻撃を組み立てようにも、パスがかみ合わず、思うように攻められなかった。

スコアが動かずに迎えた88分、耐えに耐えて、やっと訪れた僥倖の一閃。ラファエル・シルバが吠え、おなじみの敬礼ポーズ。そのあとのアディショナルタイム4分が、これほど長く感じられたことはなかった。

ミシャは何を思う

今回の勝利は、浦和の戦いぶりももちろんだが、アル・ヒラルの自滅といっていい。

試合開始直後、6万人の声の圧にたじろいだアル・ヒラルだが、時間の経過とともに息を吹き返した。しかし0対0のまま、終了の時間が迫れば迫るほど、焦りがプレーに出てほころびが生まれた。それがMFサレム・アルダウサリの退場を呼んだ。

「後半30分くらいから、相手がボールを放りこんできた。焦りが相手にあった。逆に浦和は、はね返してセカンドボールを回収できた。相手が焦ったことで僕らの対応がラクになった」（青木拓矢）

74分、堀孝史監督はマウリシオを投入。残り15分で、長身FWへの対応と、アル・ヒラルのさらなる攻撃に備え、守備に安定感と安心感をチームに与えた。そして、相手DFのミスからモノにしたラファエル・シルバのゴールが決まったのだ。

時間に比例し、焦りが増すアル・ヒラルとの心理戦に、浦和は打ち勝った。ロマンよりリアリズムを追求した堀監督のもと、ふたたび一つになって戦った。ただ、ここまでたどり着けたのは、やはり前任者の存在が大きい。堀監督はそのことを忘れず、チームの基礎を築き、誰よりタイトルが欲しかったミハイロ・ペトロヴィッチ前監督へ「敬意と感謝」を示した。感情の振れ幅が小さい堀監督の本音が聞けたようだった。

今日の歓喜を、ミシャはどこで見て、何を思うのだろうか。


（佐藤 亮太）

Comment after game

コメント

10 KASHIWAGI Yosuke

MVPを受賞できたことはうれしい。みなさんに選んでいただいて、この賞をいただけるので、素直に受け止めたい。ただ、個人的には「僕ではない」という気持ちが強い。堀監督とミシャは、口ではなかなか説明しづらいけど、サッカーは全然違う。ただ、堀さんのサッカーを貫いた結果、**意思統一がうまくいったからここまで来られた**。

―― 柏木 陽介

9 MUTO Yuki

アジアを制覇できたのは素晴らしい。僕も浦和に来て3年、悔しい思いをしてきた。**みんなで笑えたのは素晴らしい**こと。前半から積極的に前から行ってチャンスも作れていた。相手も攻撃の能力が高く、うまさがあって攻められたが、体を張って守った。自分のアシストになるかどうか(笑)。ラファがすごかっただけ。決めてくれてうれしい。

―― 武藤 雄樹

6万人近い**サポーターが作り出した雰囲気が素晴らしかった**。スタジアムにバスが入る時からそうだったし、ウォーミングアップでピッチに立ったときも「アップからそんなに声を出していたら、喉が枯れてしまうのではないか」と思うくらいに声を出して応援してくれていた。

―― 長澤 和輝

15 NAGASAWA Kazuki

16 AOKI Takuya

“うれしいです。アジア1位なので。後半30分くらいから、焦って相手がボールを放りこんできたので、逆にウチははね返して、セカンドボールを回収できた。相手が焦ったことで僕らの対応がラクになった。相手が退場しても、集中を切らせるわけにはいかない。一発で決められると嫌なので、声を掛け合った。宇賀神が足を痛めたこともあって、**マウリシオが入って、守備が強固となり、安心感が生まれた**。[4-4-2]でスタートしたのは相手にプレッシャーを掛けたかったから。”

—— 青木 拓矢

“得点シーンは、ハッキリ覚えていない。武藤選手のボールを受け、うまくターンすることができて、強いシュートを打てた。**ゴールの実感が沸いていない**。決まったときは喜びで無邪気に走って、仲間と喜びを分かち合った。相手は非常に強いチームだった。個人技が高くフィジカルが強い。そういった相手を自分たちの力で破ることができたのはうれしい。(第1戦より良かったのは)、クレバーにできたこと、前からプレスを掛けてチームの力を出せた。”

—— ラファエル シルバ

8 Rafael Silva

MF 22 ABE Yuki

阿部　勇樹

“真っ赤なサポーターの笑顔を見るのが一番響く”

FINAL 2017.11.25
vs アル・ヒラル

―― 試合を振り返って。

今日のそうだけど、簡単な試合は一つもなかった。自分たち、選手だけで戦っているわけではなかった。レッズに携わっている方たちもそうだし、サポーターの方たちも一緒に戦ってくれたということが、僕らもそうだし、見ているみなさんもそういった雰囲気だったと感じてくれたと思う。それは非常に力強かった。


―― 選手たちは最後まで走りきったが？

ここで勝つと負けるとではだいぶ差があるので、勝ち取るためにチームのみんなが戦った結果だと思う。今日はメンバー18人しか入れなかったけど、入れなかったメンバーもアウェイの地で一緒に戦ってきて、こっちに戻ってきて一緒に戦ってきた。そういう選手たちとも一緒に喜べてよかった。


――トロフィーを掲げた瞬間の気持ちは？

うれしかった。喜んでいるスタンドの顔が見えたから。選手の笑顔もそうだけど、真っ赤なサポーターの笑顔を見るのが一番響くので、それができてよかったなと思う。それをしたかったし、今回、こうやって優勝したことを今後に生かしていかないといけないと思う。リーグ戦は残り2試合あるなかで明日、（優勝が）決まるかどうか分からないけど、僕らも先につなげていかないといけない戦いがこれからも待っているので、先を見てしっかりやっていかないといけないなという責任もある。頑張っていきます。


―― 試合終了の瞬間、泣いていたように見えたが？

分かんないですね（笑）。


――「成し遂げたい」というキーワードをずっと言っていたが？

ACLという大会に限っては優勝する形で勝ち取れたので良かったと思うけど、この大会がすべてではないから。まだまだ続いていくし、まだまだ頑張らないといけないなって思う。


―― この試合をきっかけにまたスタジアムに来てくれるサポーターも増えるかもしれない。

本当に、何かすごくいっぱいだなって、そして綺麗だなって思った。毎試合これだけの方に入っていただきたいというのは贅沢な話かもしれないけど、僕らがこの先、しっかり戦って進んでいけば、それも遠くない日に訪れるんじゃないかと思う。それは僕らの責任でもあるし、使命でもあるので、頑張っていきたい。


―― 試合が終わってすぐにスタンドに向かって行ったが？

行ってないって（笑）。

EL GOLAZO 1969号掲載コラム

歓喜の涙。結実した主将の思い

MF 22 阿部 勇樹

試合終了のホイッスルが鳴るとほぼ同時に顔を両手で覆った。すぐにチームメートの輪から離れ、スタンドのサポーターへ拍手を送った。そしてユニフォームで顔をぬぐった。泣いていたのか。そう問われると「分からないですね」とおどけたが、誰の目から見ても明らかだった。

その姿を見て16年の元日のことを想起した。8シーズぶりのタイトルを懸けた一戦、天皇杯決勝でG大阪に敗れたあと、阿部は「笑って新年を迎えられなかったのが残念」と言うと、「(鈴木)啓太が…最後だったから、良い形で新しい思い出を作りたいと思っていたので、それだけが残念」と、同い年で同じポジションで戦い続けてきた仲間との最後をタイトルで飾れなかったことに涙した。

同じ涙でもまったく意味は異なる。純然たる歓喜の涙。それは阿部の一つの思いが結実した瞬間だった。

アジアクラブ選手権時代を通じて日本のクラブでＡＣＬを二度制したのは浦和が初めて。86年には古河電工、87年には読売クラブが日本勢として連続優勝を果たしたが、86年はリーグ戦で優勝が争われ、87年はくしくも今回と同じアル・ヒラルが棄権したため決勝は行われなかった。07年、08年にも浦和とG大阪が日本勢として連続優勝を果たしたが、浦和からG大阪に移籍した選手はお

FINAL 2017.11.25

vs アル・ヒラル

らず、二年連続でアジアを制した日本人選手は生まれなかった。現在浦和でプレーする選手では、平川と阿部が07年の優勝を経験しているが、平川は今回決勝のピッチには立たなかった。つまり、今回決勝に立った阿部は、二度のＡＣＬ制覇を経験した初の日本人選手となったのだ。

ただ、前回の決勝は阿部にとって「連れて行ってもらった場所」だった。前年まで千葉に在籍していたため、ＡＣＬの出場権自体は自らの力で手にしたものではなかった。だからこそ一度はレスター（イングランド）に移籍したものの、「まだ浦和で何も成し遂げていない」と浦和への復帰を決断した。

今回は10年前とは違う。出場権獲得も優勝も主将としてチームメートとともに勝ち取った。ただ、阿部は「成し遂げた」という言葉を用いるのを避けるかのようにこう話した。「ＡＣＬという大会に限っては、タイトルを勝ち取れたので良かったと思うけど、この大会がすべてではない。まだまだ続いていくし、まだまだ頑張らないといけないなと思う」。

同い年の鈴木啓太氏が引退してもう2年が経とうとしており、阿部の現役生活もそう長くはないかもしれない。これからあと何度、歓喜の涙を流せるだろう。そのために、チームのために、そして「それを見るのが一番響く」というサポーターの笑顔を見るために、阿部は身を粉にして走り続けるはずだ。（菊地 正典）

Analysis of the game

ツヅキック

浦和レッズで活躍された元日本代表GK
都築龍太さんが試合を解説！

僕たちの頃よりもレベルが高い戦いだった

強い相手を凌いだのがいまのレッズの力

最高の結果で、戦う姿勢も見られた試合だった。アル・ヒラルはプレッシャーが速く、その中でどこまでパス回しができるか見てみたかったけど、無理せず凌いだという戦いだった。相手は組織で見ても良いチームだった。それを凌いで勝ち切ったのが今のレッズの力だし、最大限の評価をしたい。

第1戦に続いて、決して簡単ではない試合展開だった。なかなか攻撃で良い形を作れず、カウンターでも前との距離が長かった。中盤と興梠慎三選手の距離が長く、ボールがなかなか前線までいかなかった。だからこそラファエル・シルバ選手のドリブル突破を頼った。

最後の得点は、ラファエル・シルバ選手がうまい抜け方をした。相手の方が有利なボールだったけど、しっかり体を入れて抜け出して点を取った。

アウェイゴールを奪っているので、0対0のまま試合を終わるプランはあったけど、1点取って勝ち切ったことはすごく意味がある。

GK陣も、ACL制覇には欠かせないピースだった

レアル・マドリーを負かしてもらいたい

ACLでは、相手にボールを持たせて浦和が自陣で構えるいまの戦い方が合う。ラファエル・シルバ選手が生きるし、青木拓矢選手も効いている。

ただ、興梠選手が難しい状況になってしまう。前に起点になれる選手を置いて、その後ろに興梠選手とラファエル・シルバ選手がいる形をとれば、もっと点が取れる。

興梠選手はポストプレーが非常にうまいけど、ボールをおさめたあとのサポートがない。だから前のスペースを使ったほうがいい。興梠選手を生かすためには、彼の近くに選手がたくさんいて、彼が裏に抜けることもポストプレーもできるという状況を作る。

堀監督に交代して、出場機会がなかった選手が試合に出るようになった。それが結果にもつながったと思う。チーム力も上がってきているので、クラブW杯でレアル・マドリーを負かしてもらいたい。

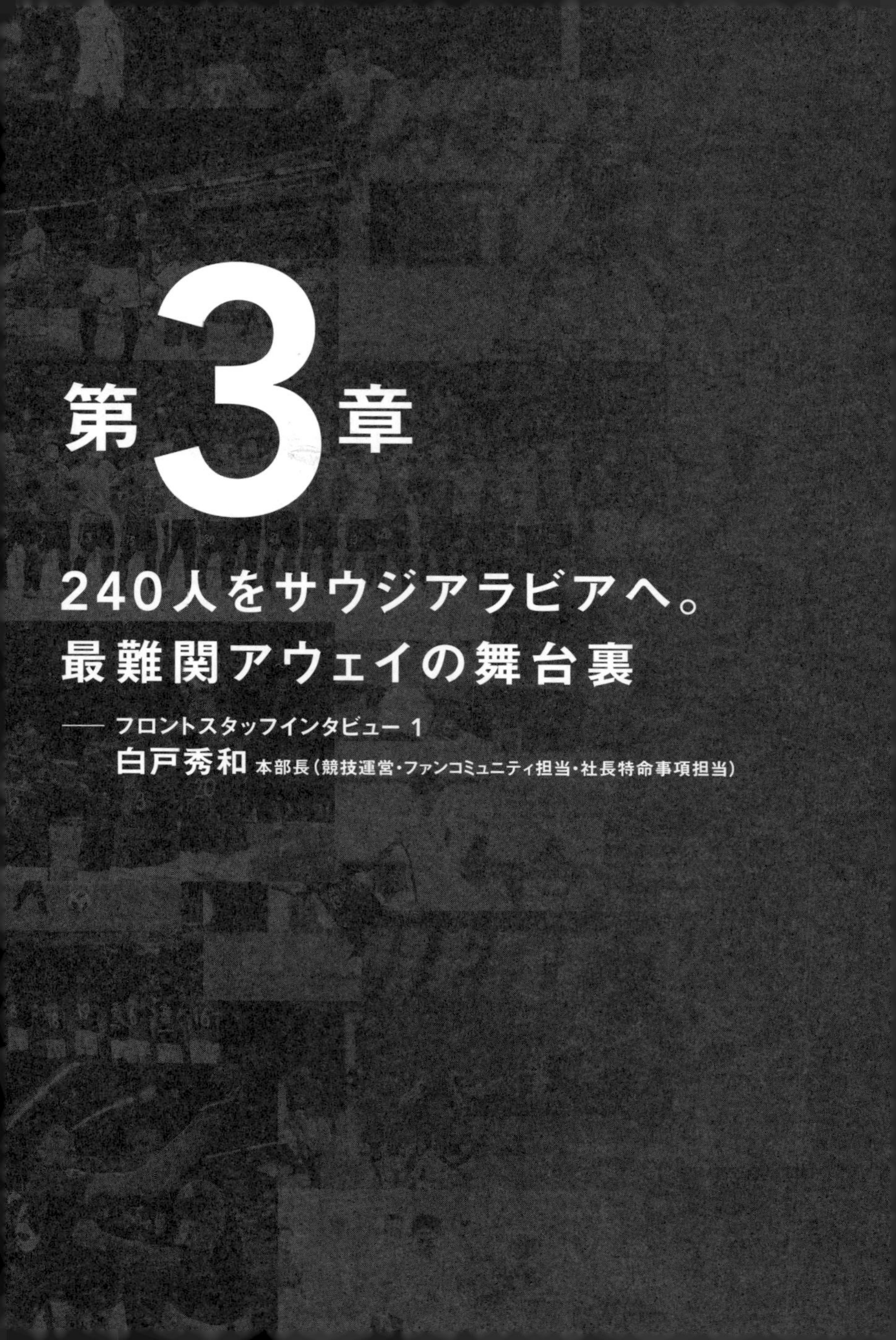

第3章

240人をサウジアラビアへ。最難関アウェイの舞台裏

――フロントスタッフインタビュー 1

白戸秀和 本部長（競技運営・ファンコミュニティ担当・社長特命事項担当）

白戸秀和 本部長

（競技運営・ファンコミュニティ担当・社長特命事項担当）

Front Staff interview SHIRATO Hidekazu

“『サウジアラビアへ行って、選手を後押ししたい』。サポーターの気持ちを感じ、行きたい人を全員行かせたかった”

© Kaz Photography

時間との戦いの中で

「運が味方してくれているぞ。やったあ」

「10年ぶりがあるかもしれないぞ。選手、よくやったぞ」

国内対決となった川崎フロンターレとの準々決勝第2戦。赤く染まった埼玉スタジアムのスタンドは、ラウンド16・済州ユナイテッドFC戦に続く大逆転劇に喜びを爆発させた。1−3で迎えた崖っぷち状態の第2戦は、開始19分で失点を喫するも、選手交代や退場者による数的優位も働いて、最後は90分で決着をつけた。

決勝の第1戦まで、2カ月も前の話だ。ただ、この一戦を境にクラブスタッフの耳には「オレたちは、選手と一緒に行けるのか?」「女性サポーターや未成年は行けないのか?」といったサポーターからの問い合わせが届くようになった。ACLは、グループステージから準決勝まではアジアを東西地区に分け、地区ごとに戦う。西地区では、サウジアラビアのアル・ヒラルが、圧倒的な攻撃力を見せ続けていた。

現在、日本人にとって、サウジアラビアは観光ビザ発給を得られないことから、世界で最も旅行することが難しい国の一つと言われている。アジアの一つのクラブに何枚のビザが与えられるのだろうか。サポーターの心配は尽きなかった。

サポーターとともに戦ってきたACL。さらに決勝は、半端な準備で戦えるようなステージではないことは百も承知だった。「サウジアラビアへ渡り、選手を後押ししたい」と願う者は一人残らず、現地へ連れて行きたい——。そんな使命感で立ち上がったのは、本部長(競技運営・ファンコミュニティ担当・社長特命事項担当)を務める白戸秀和氏だった。新聞社での記者の経験を持つ白戸氏はまず、外務省を訪ねた。

——いつごろから動き始めたのですか?

「準々決勝が終わって、これは勢いに乗って準決勝も突破することができるのではないかと考えたときからですね。でも、一番覚えているのは、10月1日のJ1第28節・ベガルタ仙台戦の前後。サポーターのみなさんから渡航への心配の声が上がってきたのです。サポーターは、9月5日の日本代表戦でも渡航者は50人ほど。「自分たちはどのくらいの人数が行けるのだろうか？」「女性は入ることができない、未成年も入ることができないと言われているが、自分たちも応援へ行けるのだろうか。行きたいのです」という声を複数から聞きました。

過去の遠征を考えれば、浦和レッズであれば、おそらく300から500の間の人数が動くことになりそうな中で、日本代表がW杯アジア最終予選のために半年ほどかけて働きかけた場所に対して、さて、どうすれば良いのかと考え始めました。実際は勝つか負けるか分からぬときなので〝取らぬ狸の皮算用〟ですし、〝鬼が笑う〟話なのですよ。つまり、準決勝を戦う前の話だから。ただ、準決勝が終わって、いざ決勝進出が決まってから動いたとしても難しい。僕は、とにかくサポーターを行かせたいと思いました」

――浦和レッズというクラブは、サポーターとともに歩んできました。

「グループステージから難しい試合が続くことはこれまでも学んできました。あらゆる国で、あらゆることが試されるタフな大会。そこにはサポーターの力は必要で、サウジアラビアとなった場合、難しいことだとは十分に理解していましたが、ここでこれにチャレンジしなければ後悔するだろうなと思いました。行きたい人は全員行かせたい。その思いを関係各所にどう実現すれば良いのか。そこから考えました」

――ポイントはどこにありましたか？

「まず、外務省ルートで話を聞いてもらいました。最初のうちは難しい表情をされていましたが、1時間半ほどの打ち合わせの中で、サッカーが好きだった方であると知り、非常に理解のある外務省中東アフリカ局の職員の方と出会うことができたのは本当に大きかったです。外務省が浦和レッズの熱意に対して理解を示していただいたこともあって、サウジアラビア政府の理解にもつながりました。だからいま、こうして私がお話ししていますが、自分が代表して何かを伝えることはおこがましいと思っています。本当に私の周りの方のおかげなのですから」

――日本代表が50人と言われた中で、クラブが求めた人数は……。

「結果、350人分でした。実際に行った人数と違うのは、ビザ発給後、行くことができなかった方もいたからです。その中で、サポーターは240人ほどが現地へ行きました。一度に日本から渡航した人数では史上最高と聞いています」

――サウジアラビア政府とのやりとりもあったとうかがいましたが、サウジアラビアの方の気質をどのように感じましたか？

「これは外務省の方のアドバイスでもありましたが、とても義理人情に熱い方々でした。また、注目したのはこの気質に加えて、サウジアラビアの改革です。門戸を開放しようと動きが始まっています。ただ、改革はまだ先の話ですが、一つ、チャンスがあるとすれば、春に国王をはじめ、王子ら1000人を超えるサウジアラビア政府関係者が来日しました。そのときの日本政府の対応を考えれば、サウジアラビア側が今度は日本にお返ししましょうという気持ちにはなってくれるだろうと踏みました。もちろん、それを浦和レッズに使う必要性はまったくないので、日本の中の浦和レッズというサッカークラブの熱意を丁寧に伝えていこうととてもシンプルな考えで臨みました」

空港での〝サプライズ〟

――ビザ発行の手続きは本当に大変だと聞いています。

「簡単に言うと、渡航者自身がビザセンターへ行き、申請をしなければいけません。9月の代表戦で言うと、浦和レッズの槙野智章選手や〇Bである原口元気選手も全員行っています。原口選手はおそらくフランスへ行っているのではないでしょうか？　加えて、ビザセンターは午前しか空いていません。しかも行えるのは1日32人。単純計算で、4日間で可能なのは128人です」

――先ほど300から500の人が動くだろうと見込んだ場合、その人数であると、気が遠くなる話なのですが。

「準決勝第2戦が行われる10月18日に勝ったとして、決勝の第1戦までに時間はありません。実質、動くことができて1週間。まったく計算があいません。物理的に無理なのです。なので、準決勝の試合が終わり、決勝進出の切符をつかんだ翌朝には、少なくとも渡航を考えている人の渡航者リストをサウジアラビア政府に送ろうと考えました。サ

ウジアラビアへ行きたい気持ちを誠実に示すものはそれしかないかなと」

——実際に外務省を通じて話し合いの場につけたサウジアラビア政府に渡航者リストを渡せたのですね。

「はい。はじめはサッカーの試合にそんな人数が来るなんてと思われていましたが、メディアを含めても、実は10月16日、つまり準決勝の前にはサウジアラビアを想定したツアーの募集を行い、締め切っていました。世間からは試合をやる前から馬鹿じゃないかとも言われましたね。申し込んだからといって、ビザが発給されるとは限らないという条件でしたが、多くのサポーターが手を上げてくれました」

——サウジアラビア政府は驚いたでしょう。

「打ち合わせができた翌日、ホーム埼スタでの準決勝の第2戦があったのでご招待しました。勝ったほうのクラブがサウジアラビアへ行くのですから、『観に来ませんか？』とお誘いをしました。メインスタンド側から、あの日のサポーターの熱も感じてもらいましたし、翌日には350人分のリストを届け、これはミラクルだと一気に本気モー

ドで動き始めてくれたのが10月19日でした。日本政府を代表する外務省職員のみなさん、JFA国際部、そしてサウジアラビア政府、大使館のみなさんには感謝しても感謝し切れません」

――ただ、ここからビザ発給の手続きが待っていますよね。

「ビザ発給には直接ビザセンターへ行き、インタビューを要します。渡航希望のサポーターも素晴らしい対応を見せてくれました。お仕事を休むなどして全員がビザセンターへ行き、時間も守り、しっかりとインタビューを受けてくれました」

――入国も大変だと聞きます。

「サウジアラビアは、実は観光資源には恵まれているのですが、これまでのところ十分観光資源が開発されてきておらず、私用でサウジアラビアへ行く名目がほとんどないのです。その中で入国に3時間待たされることもあると聞き、とても心配したのですが、着陸から1人目が通過したのは15分しかかかりませんでした。なぜかというと、外務省からサウジアラビア政府を通じて空港中にしっかりと依頼をしてくれたおかげで『浦和

レッズは特別だよ』とウェルカム態勢になっていました。こんなうれしいことがありました。空港に、日本語で『ようこそサウジアラビアへ』と書かれていたのです。わざわざ作ってくれたのです。浦和という言葉を聞くと、OKと和やかに。4台のバスで空港を出るのに45分しかかからなかったのには本当に驚きました」

――そして決勝アウェイでの第1戦が始まります。

「サポーターはキックオフ2時間前くらいからスタジアムに入るものですが、5時間前に到着すると、もう8割くらいが人で埋まっていて大騒ぎしているのです。イベントですよね。僕らの姿を見つければ、野太い声での大ブーイング。スーパーアウェイ状態で、これはやばいなと一瞬、思いました。でもまだ試合開始4時間前。これで試合の最後まで応援の気持ちは持つのだろうか、もしかしたらそこにチャンスがあるのではないか、なんてことも思いました。

試合が始まると、僕らのサポーター230人、始めのうちは声が聞こえませんでした。それでも、うまく1点が入りました。次の1点が欲しいという中で、前半のうちに1-1。相手は警告が出ることを知っていて、ユニフォームを脱いで喜ぶ姿を見せていました。

勝った気でいるぞ。これは強さか？　スキか？　後半、選手たちは立ち上がりの勢いをしのいでくれました。試合はこう着し、次第に向こうの攻撃力も落ち、スタンドを見渡すと攻め疲れなのか、声援も落ちたのです。最後は浦和レッズのサポーター240人がアル・ヒラルを上回っていましたよ。あの90分間は忘れられないですよね。浦和レッズはACLに臨むにあたり、『総力結集』というキャッチコピーがありましたが、結集することの大切さを示すものとなりました」

——アウェイゴール、負けなかったことが第2戦につながります。

「キックオフ直前、直後、サポーターの声にすさまじいパワーを感じたとき、明らかに相手選手の動揺が感じられました。サポーターがホームの空気を作り出してくれたことで、チームはしっかりと試合の主導権を握っていました」

——勝たせるために現地へ行ったサポーター。ありがたい存在です。

「競技運営部、ファンコミュニティ部で常日頃から言っているのは、自分たちの立場でチームをどうやって勝たせることができるのかを考えようということ。今回は何よりも

サポーターの『サウジアラビアへ行って、選手を後押ししたい』という気持ちを感じ、『行かせたい』と思いました。選手たちは、ACLを通じて、毎試合違う環境の中で戦って結果を出してくれました。本当に選手はすごいと思います。そして、そんな選手をサポートしてくれる人がいるから、勝つチャンスが増えるのかなと、あらためて感じました」

**ACLはあらゆる国で、
あらゆることが
試されるタフな大会。
そこにはサポーターの力が必要です**

© Kaz Photography

PROFILE
白戸秀和 本部長
（競技運営・ファンコミュニティ担当・社長特命事項担当）
ACL決勝、サウジアラビア・リヤドでの第1戦に向けて、浦和レッズのファン・サポーター約240人を渡航させるために尽力した中心的人物の一人

第4章

2017.11.25
埼スタに再び
浮かび上がった巨星

――フロントスタッフインタビュー 2

仁木俊雄 競技運営部部長

仁木俊雄

競技運営部部長

Front Staff interview NIKI Toshio

“ビジュアルはチームを
勝たせるためのサポート。
浦和レッズが誇れる
一つのサポートの形です”

「想定外」の光景

監督、選手を乗せたバスが会場へ着くころにはすっかりと日は暮れて、ホームゲームを告げる赤いライトに照らされた埼玉スタジアム2002は、夜の訪れとともに、その輪郭がハッキリと見えてきた。スタジアムがだんだんと大きくなっていく。車窓から眺める景色はいつもの試合と変わらないはずなのに、「今日はどのくらいの人で埋まるのだろうか」「どんな応援を見せてくれるのだろうか」と応援してくれる仲間のことを想うと、気持ちが高ぶっていくのを感じていた。そんなときだった。

© Norio ROKUKAWA

バスが通る道沿いに、駐車場に、ふと視線を上げれば、スタジアムのコンコースにも。大小、無数のフラッグを揺らしながら、声を張り上げる赤い群衆が目に飛び込んできた。その姿に「これは想定外だよ」と驚きを隠せなかった西川周作。バスのドアが開くと、ズドンと体全体に響く野太い声が届いた。繰り返されるチャントに、背中を押されるように、選手はロッカールームへと向かった。

敵地サウジアラビアのリヤドでの第1戦は1－1。先制点となる貴重なアウェイゴールを奪い、相手の猛攻にも耐えて、ホーム埼スタに帰ってきた。ただ、ここで何かを成し遂げたわけではない。痛い目には何度もあってきた。思い出したくなくてもよみがえる1年前の悪夢に、どんなに注目が集まっても、頭の中だけは冷静でいられた。想いは一つ。ファン・サポーターを喜ばせたい、それだけだった。

刻一刻とキックオフの時が近づく。選手がロッカールームを後にし、入場の準備を進めているころ、スタンドでは、隣り合うファン・サポーターが力強く手を握り、階段下の選手の耳にも届く声で「威風堂々」を奏でていた。そして、選手の入場を知らせる場内アナウンスを合図に、ファン・サポーターは北と南のゴール裏、メインスタンド、

© Norio ROKUKAWA

バックスタンドと一斉にカラーシートを掲げ、一つの絵を浮かび上がらせた。

キャプテンの阿部勇樹を先頭に、選手たちがピッチに足を踏み入れる。顔を上げると、そこには360度にわたる鮮やかなコレオグラフィーが広がっていた。思わず、キョロキョロと全体を見渡してしまうほど。北のゴール裏には「2007」の数字と10年前に手にした大きな星、一つ。バックスタンドには、喜ぶときもツラく苦しいときも、選手がグッと握りしめるユニフォームの胸に輝くクラブエンブレム。そして、ノドから手が出るほど欲しいACLの優勝トロフィー。南のゴール裏には、「2017」と大きな星、一つ。それらをつなぐリボンが、これまでの10年間を象徴するように、決して平坦ではなく、うねりを見せ、埼スタを一つにまとめていた。

このファン・サポーターからの最高の贈り物に燃えない選手はいない。浦和レッズの歴史が続く限り、この試合もまた通過点でしかないが、90分後に歓喜の時が訪れることを信じて、選手は自陣の中央に集まった。興梠慎三が靴ひもを結び直す。そして最後に円陣に加わり、右手を激しく動かしながら、チームメートに言葉をかけた。エースの一声に士気が高まった11名の選手たちがピッチへ散らばった。

サポーターは力一杯の声で「We are REDS!」と叫び、選手を送り出した。

最後の90分間が始まった。

サポーターが主役の〝ビジュアル〟

いつの時代も、浦和レッズのファン・サポーターは、コレオグラフィーで、声で、アクションで、選手を鼓舞してきた。ときに、その熱い想いが交わらないこともあるが、選手は「自分たちだけでは戦えない。応援してくれる人たちがいるから、苦しいときの一歩を前に出せる」と口をそろえる。そんなファン・サポーターとの関係は、クラブの競技運営部ともつながっている。競技運営部で部長を務める仁木俊雄氏が、11月25日の

夜のこと、そしてファン・サポーターとの関係性について語ってくれた。

——コレオグラフィーに圧倒されました。

「まず、コレオではなく、ここでは『ビジュアル』と表現したいと思います。大前提として、サポーターとクラブは互いに良い関係でコミュニケーションを図るという部分がありますが、ビジュアルはサポーターのモノで、サポーターのみなさんがチームを勝たせるために自主的に行ってくれる、チャントなどと同じようにサポーターの表現であると思っています。私自身、ビジュアルはサポーターが主役であって、クラブは脇役にもなれないのではないかと思っています。ですから、クラブが特別にサポートしていることはないです。常日頃からのサポーターとの関係性の中で、信頼しています」

——浦和レッズサポーターが作り出すビジュアルの意味とは？

「応援スタイルはいろいろとあるでしょう。コールやチャントは言葉として耳に入ってくるモノで、多くの人に意図や想いが伝わりやすいかと思います。一方、ビジュアルは、それまでの戦いの過程などを分かり合えているからこそ伝わるという部分があります。

だから『すごい』という言葉は見た目のすごさもありますが、想いを選手に伝える部分に当てはまるのではないかなと思います」

――決勝第2戦のビジュアルが注目されました。

「決勝ということもあり、多くの方に発信されましたね。ただ、私はビジュアルを目にするたびに感動しています。競技運営部の立場上、何があっても冷静でいることが必要ですが、このときばかりは平常心ではいられないです。埼玉スタジアムのスタンドを全面に使ったビジュアルも、北のゴール裏に浮かび上がったビジュアルも、同じくらい心を打たれますし、サポーターの想いをしっかりと受け止めなければいけないと思っています」

――デザインはご存知なのですか？

「私も含めてクラブスタッフも、絵が浮かび上がるまでは何を表現するかは分からないのです。聞こうともしていません。もちろん、リスク管理の面でいろいろな意見はあると思います。しかし、何度も言うように、信頼関係の中で生まれているので。差別的な表現などがないという信頼関係の下で、サポーターが表現したいモノを表現してもらお

うという考えです。となれば、われわれが事前に知る必要はないのです。それにサポーターは常に試合日のスタジアムの雰囲気などを感じ取って動いているのだと思います」

――スタンドと同じ気持ちでご覧になっているのですね。

「毎回、驚かされるというか、胸を打たれるというか。今回のようにＡＣＬ決勝の第2戦のビジュアルが注目を浴びていますが、正直、あのビジュアルが特別にすごいという言い方は違うなと思うのです。大事なことは規模もさることながら、想いなのです」

――サポーターとの信頼関係で成り立つものなのですね。

「そうですね。サポーターの中の組織や役割は日々変わっていくこともありますが、それで言うと、14年の出来事があった以降、いろいろなことに対してひざを突き合わせて話をしてきました。その積み重ねによって信頼関係が構築された部分もあります。その部分はとても難しい。何事もなく過ごしているとコミュニケーションを図ることができないのか、と言ったらそうではないですし。いろいろな想いをしたからこそ、絆は深まったと思います」

――選手の立場で言うと、初めて見たときは驚くでしょう。

「歴史を感じるのでしょうね。デザインを決めること一つを挙げても、簡単なことではないと思います。私は参加していませんが、ビジュアルのデザインを決めるまではかなり時間をかけて話し合いが行われていると聞いています。選手からも、ときおり『どうやっているのですか?』と質問を受けることもあります」

――決勝の第2戦はアジア、世界にアピールできたのでは?

「ビジュアルは、サポーターの一つの表現であり、いわゆるチームを勝たせるためのサポート。声のサポートやフラッグを使ったサポートもあります。今回、数多くの形で取り上げられましたが、個人的にはあまりビジュアルばかりに注目がいってしまうのはちょっと……とは思っています。ただ、本当に浦和レッズが誇れる一つのサポートの形だなと思っています。今回のことで、アジア、そして世界へと浦和レッズのサポーターが発信され、注目されたのはとてもうれしいことです」

――円陣が解かれた後のコールも見事でした。

「やっぱり、ああいうビジュアルや声に触れると、平常心ではいられなくなりますね。仕事柄、ピッチの上で平常を装っていますが、あの瞬間は、体中に鳥肌が立っている状態です」

試合終了。怒号のような歓声がスタジアムに広がった。88分のラファエル・シルバによる、武藤雄樹との連係からの豪快なシュートで勝利を手繰り寄せた浦和レッズは、最後の笛が鳴るまで走り切り、二度目のＡＣＬ優勝を果たした。

1対1の強さを発揮し続けた槙野智章は、ベンチで待つ監督やスタッフの胸へ飛び込んだ。阿部は一人、バックスタンドのほうへ歩いていった。大歓声に小さく手を叩いて応えると、コーナーフラッグのところに置かれたドリンクに手を伸ばし、水を口に含んだ。このとき、彼は何を思っていたのだろうか。その目は、涙で一杯に見えた。優勝をかみ締める阿部の下に、選手が一人、またひとりと駆け寄り、チームを支えたキャプテンを歓喜の輪のほうへと導いた。

ピッチでは、表彰式の準備が始まっていた。いつしか『好きにならずにいられない』がスタンドから聞こえてきた。そして、北のゴール裏から白いカラーシートが掲げられ

始めると、呼応するように、またあちらこちらでカラーシートが掲げられ、試合前にも見たコレオグラフィーが姿を現した。

ファン・サポーターの願いはかなった。2007から2017へとリボンは途切れることなく確かにつながり、エンブレムは、再びアジアの頂点に立つクラブエンブレムとなった。そして、バックスタンドにもう一つ描かれたACL優勝トロフィーは阿部の手に渡される。選手たちは二つの大きな星を、ゆっくりと眺めていた。

表彰式。トロフィーが高々と掲げられると、大量の金のリボンが舞い上がった。大会MVPに輝いた柏木陽介が喜ぶ。トロフィーは阿部から監督に渡り、興梠へ。エースは、はじけるように喜びを爆発させ、数度のフェイントから思い切りトロフィーを掲げた。最後は森脇良太だ。お決まりの〝森脇劇場〟で、会場に笑いをもたらした。

そして、また歴史は紡がれる

決勝第1戦を思い出した。あれは試合終了後の、深夜の酒蔵力浦和本店でのこと。心地良い疲労感が店内を包む、そのカウンター席で観戦していた男性がポツリと言った。

「サウジアラビアへ行ってくれたサポーターに本当に感謝だよ。第2戦に希望をつなげてくれたよ。日本代表戦にだって100人にも満たない人数しか行けなかったのに、200人を超えるサポーターが駆けつけたって言うじゃないか。浦和レッズへの愛だろうな。感動しちゃうよね。この店にだってさ、オレは浦和に住んでいるけれども、所沢からも来ていたり、帰りの電車の時間がないのに都内から来ていたり、隣に座っていたサポーターなんてさ、大宮より先に住まいがあるから始発を待って帰ると言っていたよ。もう、ここ、ハートだよ、ハート。ハートがあるんだよ、浦和レッズにはさ」と口にして、男性は瞳を潤ませていた。

07年のACL優勝から10年。幾度となく、壁にはね返された。だが、浦和レッズはあきらめることなく、新しい歴史を刻んだ。サポーターは、オレたちにしか作れない最高の雰囲気を選手へ提供しようと力を込めた。選手は、今までの悔しさも一緒にぶつけ、サポーターを喜ばせようと体を張って戦った。クラブは選手やサポーターが、普段どおりに戦えるようにとあらゆることを想定し、気を配り、「これで十分」の言葉は一切なく、妥協せずに準備を進めた。

それぞれに、それぞれの立場で見せたプライドの結集。

試合後、阿部にサポーターについて尋ねた。「なんか、すごくいっぱいだなあって。きれいだなあって思った」と言って、少し視線を高くした。まるで、いまもその目に映っているかのように。そして阿部はこう言葉を続けた。

「毎試合、これだけの方にスタジアムに入っていただきたいなというのはぜいたくな話かもしれない。けれど、僕たちがこの先、しっかりと戦って進んでいけば、それも遠くない日に訪れるのではないかなと思う。それは僕たちの責任でもあり、使命でもあると思う」

次なる舞台が待っている。浦和レッズの歴史が続く限り。

© Norio ROKUKAWA

Front Staff interview

NIKI Toshio

ビジュアルはサポーターが主役であって、クラブは脇役にもなれない

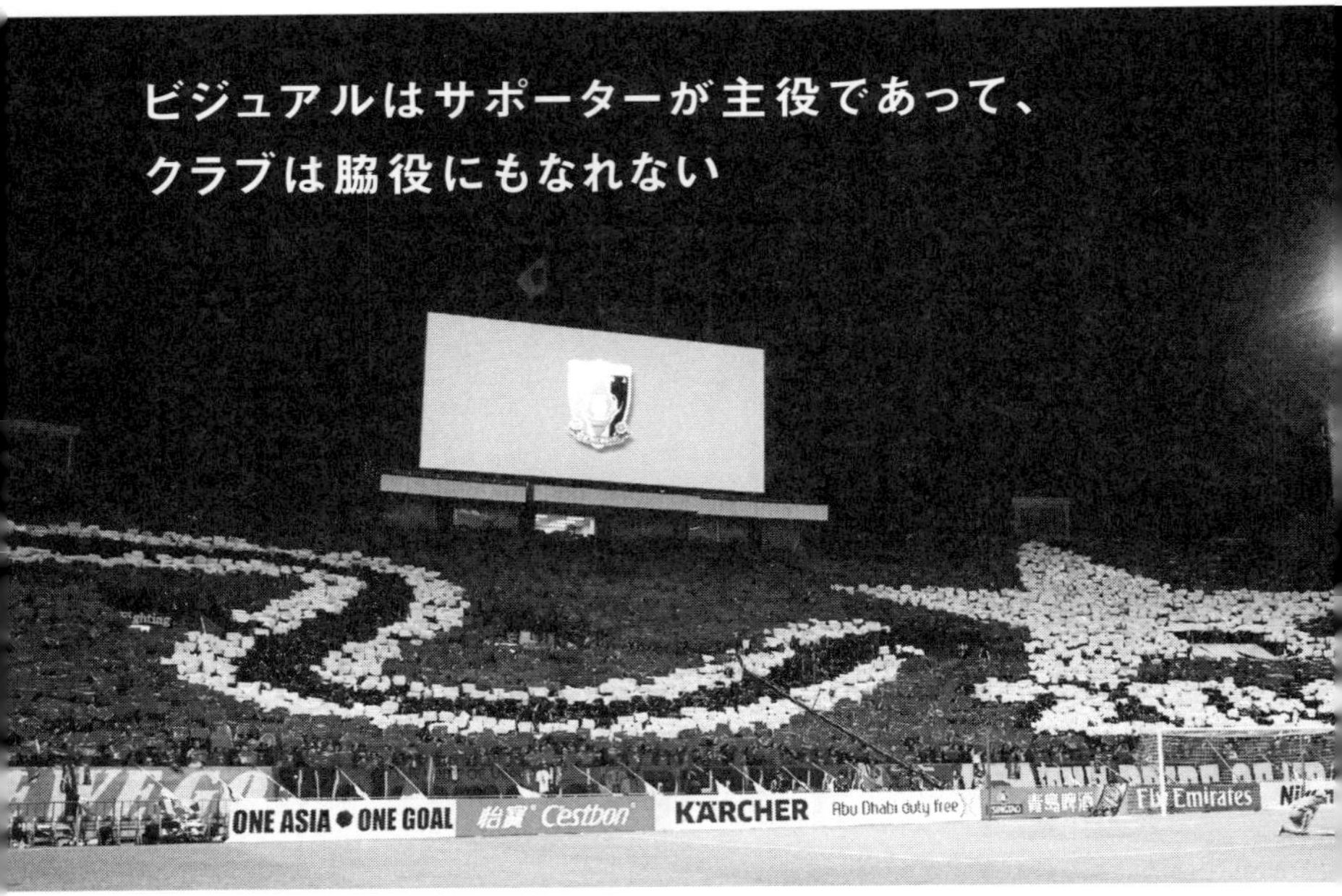

PROFILE

仁木俊雄　競技運営部部長

試合運営とスタジアムに関わるセキュリティ管理に
重点を置いた組織・競技運営部の責任者

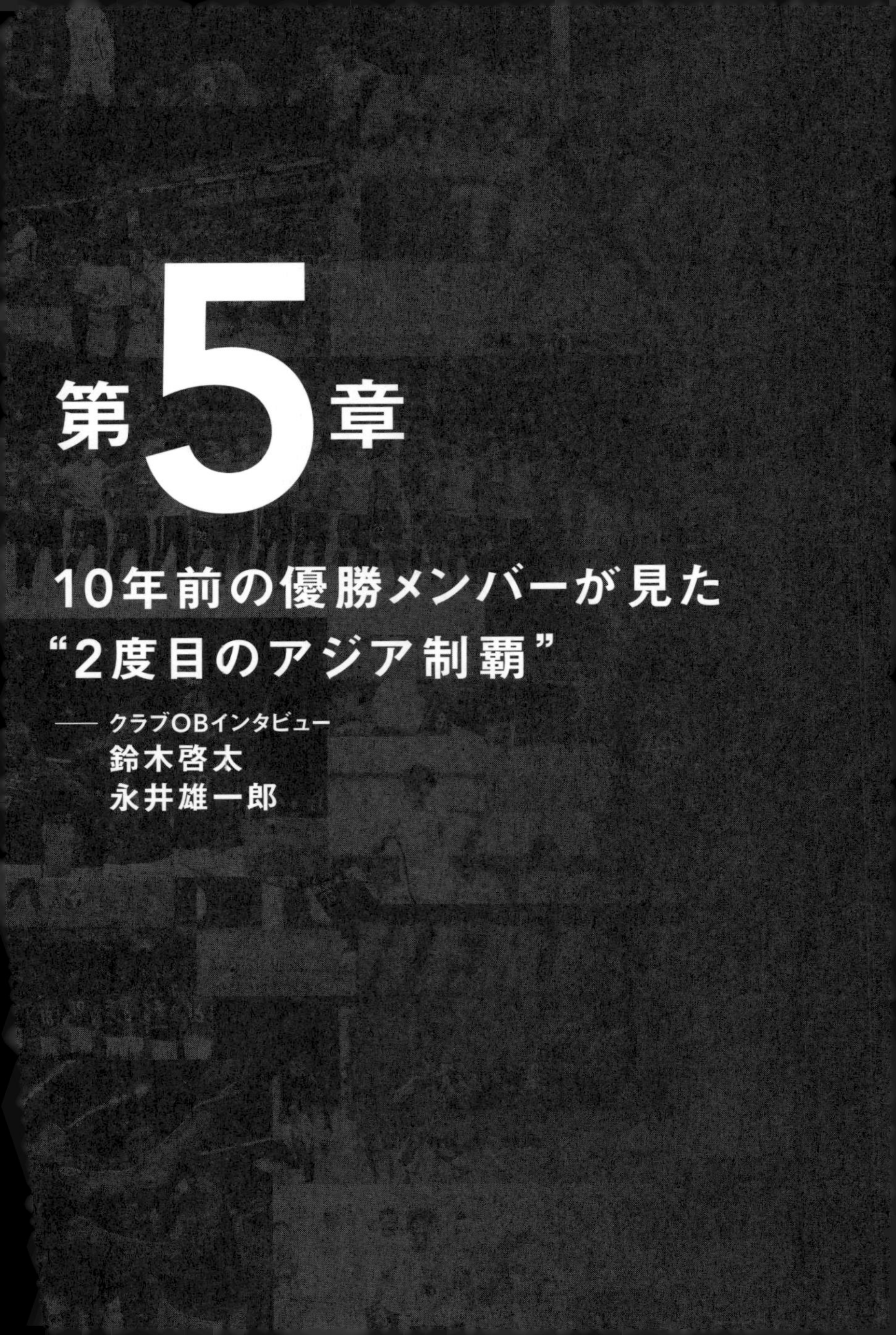

第5章

10年前の優勝メンバーが見た“2度目のアジア制覇”

―― クラブOBインタビュー

鈴木啓太

永井雄一郎

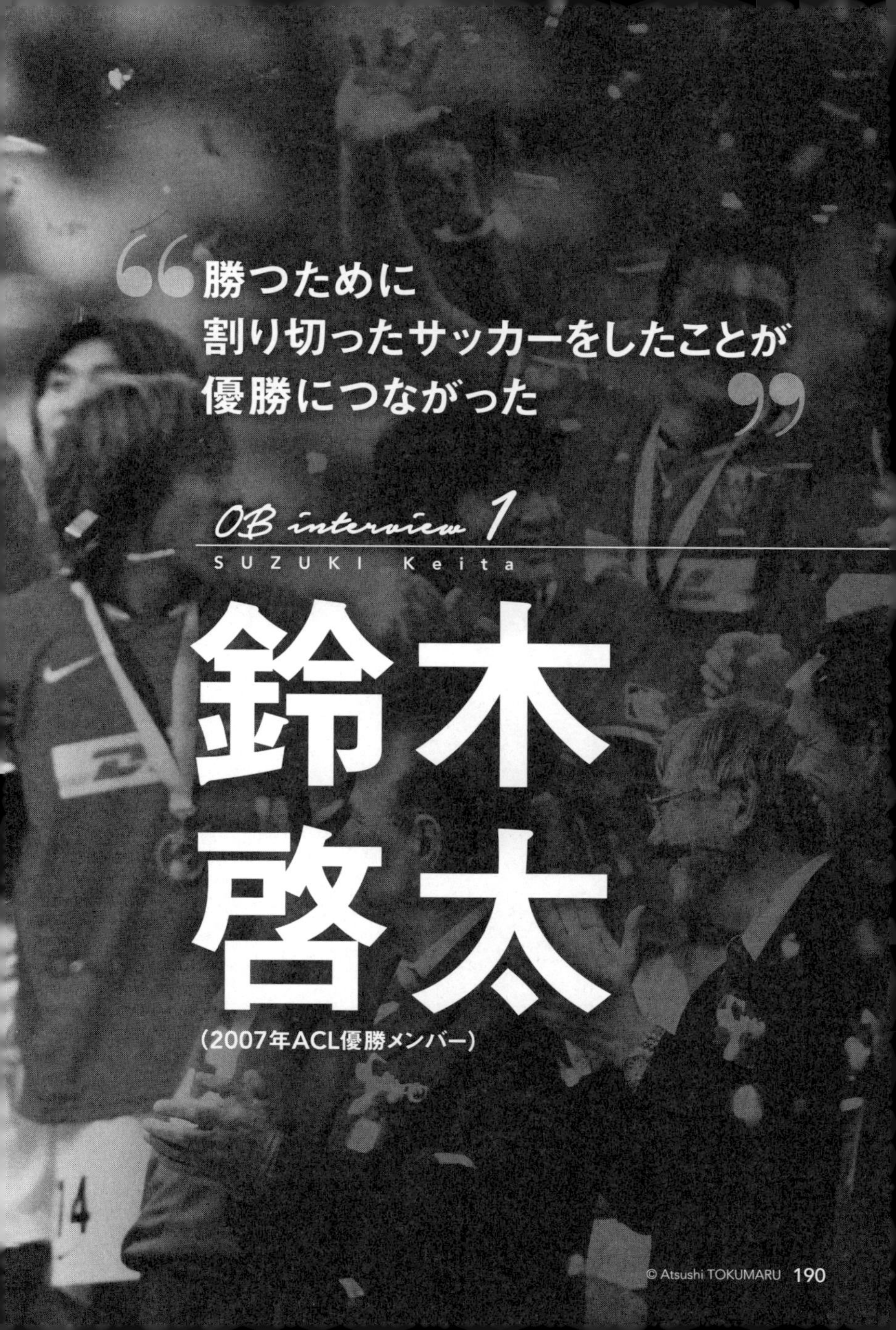

“勝つために
割り切ったサッカーをしたことが
優勝につながった”

OB interview 1

SUZUKI Keita

鈴木啓太

（2007年ACL優勝メンバー）

© Atsushi TOKUMARU

13
30

【アジア制覇のキーマンは槙野智章と長澤和輝】

――ACL優勝の瞬間は？

「スタジアムにいました。ギド（ブッフバルト）と岡野さん（岡野雅行ガイナーレ鳥取代表取締役GM）と一緒に見ていました」

――どんな話をして観戦していたのですか？

「自分たちが出たACLはどうだったのか。そういった昔話をしましたし、いまの所属選手たちやアル・ヒラルの選手のことなどを話しながら観戦しました」

――啓太さんなりに考えるACLを優勝できた要因は？

「自分たちのやりたいサッカーをやることよりも、勝つためにどんなサッカーが必要なのか。そういった割り切った戦い方をしたことが優勝できた一つの要因だと思います。ここ数年のレッズはJリーグでもトップクラスの成績を収めていました。良いサッカーをして勝つことを目指してきた中で、昨季のシーズン序盤は良い時期があったも

のの、次第にチームの調子を落としていった。そして監督が堀さん（堀孝史監督）に代わり、今まで積み重ねてきた部分と割り切って勝つことにこだわることのバランスを取りながら、その落としどころを選手たちが理解して戦い抜けたことがＡＣＬ優勝につながったのだと思います」

――ＡＣＬ優勝を勝ち取る上でキーマンだった選手は？

「槙野（智章）と長澤（和輝）は大きなポイントだったと思います。槙野は守備のリーダーとして、個の力で攻めてくる相手に対して対人の強さを発揮しました。大会を通じて、個の力でやられたのは準決勝第1戦でのフッキの一発ぐらいでした。槙野の対人の強さは際立っていましたよね。

長澤に関しては、フィジカルの強さやキープ力はドイツでの経験を存分に発揮していたと思います。中盤で守備面においてもあれだけハードワークをしていましたし、準決勝第2戦の上海上港ではターニングポイントとなるような非常に良いプレーをしていました。ドイツに行く前からもともとベースの部分はあったと思いますが、あれだけディフェンシブなパフォーマンスをできることは一つの驚きではありました」

© Norio ROKUKAWA

――シーズン途中で監督が解任されて、アジア制覇を成し遂げた。このプロセスについてはどんなお考えですか？

「シーズン途中に監督交代があって、ACLを優勝するなんて、なかなかできないことですよ。堀さんはミシャの下でコーチをやっていたので、選手の特徴もよく把握しています。その上でここを削っても、ここを上積みしたほうが良いだろうという部分をよく分かっていたんだと思います。コーチの立場のときは半歩引いてチームを見ていて、その中でミシャ監督のやりたいサッカーを受け入れつつ、もし自分だったらこうする、という考えが堀さんの中にもあった。それがACLに関してはうまくハマったと思います。

例えば準決勝の上海戦を見ていても、ボールの取りどころも明確に見えましたし、『堀さん、さすがだな』

と外から見ていて思いました。試合が終わったあと、堀さんに『狙いどおりだったでしょ？』と聞いたら、『うまくハマった』と言っていました。それは決して偶然ではなく、明確な狙いを持って戦っていたと思います」

――平川（忠亮）選手は「堀さんを信じてとにかく我慢してプレーすれば、途中出場の選手が活躍するなど采配が当たるから、とにかく我慢して戦わないと、堀さんのゲームプランが変わってしまう」と話していました。

「ヒラさんや阿部（勇樹）は優勝を経験している選手だから、二人はすごく大きな存在だったと思います」

――啓太さんも阿部選手と同様にレッズのキャプテンを経験しました。永井雄一郎さんいわく、07年と17年の阿部選手の違いは「感情をむき出しにして引っ張っていこうとする姿勢」だったと。「いまのチームでは必要な振る舞いだった」と永井さんはおっしゃっていました。

「07年の阿部はレッズが自分のチームというよりも、なんとかチームに貢献しなければ！

という意識でプレーしていたと思います。それからキャプテンをやってチームを任される立場になったことで、自分が引っ張らないといけないという意識になっていったと思います。でも、もともとの阿部の性格とは若干違いますよね。ただ人はいろいろな経験をすることで少しずつ変わっていくもの。もしかしたら彼が一番熱い選手かもしれません。レッズの血が流れている選手としては、キャプテンという立場にならなくても、ときには感情をむき出しにするような選手になっていたと思います」

［07年と17年のチームの差異］

――07年のチームと比べて、現在のチームの強みとは？

「長年一緒に同じスタイルのサッカーをやっていることが大きいでしょう。いまのチームのほうが組織でプレーできるという強みがあります。個人の時代はもう終わりつつありますし、基本的に組織で動いて、そこに個性が噛み合うという意味では07年のチームは組織を凌駕するだけの個の力がありました。それは現在のチームとまったく異なる部

分ですし、いまのチームはより組織で戦えるチームだと思います」

――07年はＡＣＬ制覇に向けて、補強もありました。

「いや、ＡＣＬ制覇のためというよりも、本当にクラブが強くなるため、という目的があったと思います。タイトルを獲りたい。レッズはタイトルを獲り続けないとダメなんだと。ただタイトルを獲ることの難しさもある一方でチーム内での競争もありましたし、まずは試合に出ることへの難しさを感じていました。正直、『また選手を獲ったの？』と思うこともありましたけどね（笑）。でも強いチームというのは、それがノーマルだと思うんです。そうした競争の中で生き残っていくという意味でメンタルの強さも必要とされていました」

――たしかに当時の紅白戦も「あれだけ大変なものはない」と選手が漏らしていました。

「バチバチでしたし、緊張感がありましたからね」

――やはり強いチームは練習から激しい競争があるものですよね。

「チーム内での激しい競争は絶対的に必要なモノです。競争をする中で気付かされることもあります。練習で公式戦と同じ緊張感はなかなか作り出せませんが、トレーニングでやっていることが試合に反映されます。トレーニングでは１００パーセントでやってきたモノが、試合では90パーセントしか出せないこともあるのを考えると、良い競争をしているチーム、良い緊張感があるチームは、確実に上の成績を残せるものだと思います」

――レッズはミシャさんがおよそ5年半を掛けて築いてきた組織があります。その過程でＡＣＬではね返されることもありましたが、それは優勝する上で必要な作業だったのでしょうか？

「必要か必要ではないかといった視点で論ずれば、浦和レッズというクラブの歴史で言えば必要なことだったと思います。でもそうしたＡＣＬでの経験が優勝につながった経験として一番良かったことなのかと言えば、もっと良い成績を収める可能性もありましたし、ただそこまでの実力がなかったというだけの話です。

その10年という時を経て、またＡＣＬを獲ったという事実は、レッズにとってはも

のすごく大きなことですし、日本でＡＣＬのタイトルを二度も獲っているクラブはありません。アジアの中での浦和レッズは、ＡＣＬを二度制覇したクラブという見方をされると思います。だからこそ、今季はすごく重要ですよね」

【レッズだから成し得た〝コレオ〟】

――決勝は５万８０００人近くの大観衆で埋め尽くされました。過去のシーズンでは無観客試合を含めていろいろなこともありましたが、あのようなコレオグラフィーを掲げられたことは良かったのでは？

「単純にすごいなと思いました。その一方でやはり浦和レッズというクラブは、そのぐらいの規模感のクラブであって当然だという思いもあります。近年のサポーター離れは魅力が薄れてきたといった意見もあるようですが、魅力は人それぞれです。サポーター離れについては、クラブも、選手も、そして応援してくれる人たちも、それぞれが考えるべきことかもしれません。ただＡＣＬ決勝というアジア中の人たちに注目される大

舞台で、レッズのサポーターがあのコレオグラフィーのような雰囲気を作り出し、試合ができたことは、アジアのサッカー、そしてスポーツに関心がある人たちにも大きなインパクトを与えることができました。あの舞台を作れたのは、浦和レッズだからできたこと。その点では非常に良かったと思います。ただこれで終わりではありません。ここから先は真価が問われます」

――今季の新たな浦和レッズに期待することは？

「レッズはＡＣＬのタイトルを獲ったチームですから、周囲の人たちはタイトル以外、興味はないですよね。ＡＣＬはＪリーグよりもステイタスが高いタイトル。もう今季はＪリーグを獲るしかありません。タイトルを獲れないと、周囲からいろいろと言われてしまいますよ」

――選手たちはそういう緊張感の中で試合をするのですね。

「いいじゃないですか。そんな幸せなことはないですよ。選手のときはもちろん大変ですが、良い仕事だと思います」

07年と比べても、いまのチームはより組織で戦えるチームになっている

PROFILE

鈴木 啓太（すずき・けいた）

1981年7月8日生まれ、36歳。静岡県出身。東海大翔洋高校卒業後の00年に浦和レッズへ加入。その後は浦和一筋で16年間プレーし、15シーズン限りで現役を引退。現在は解説者や実業家の一面も持つ。16年にはJリーグ功労選手賞も受賞した。

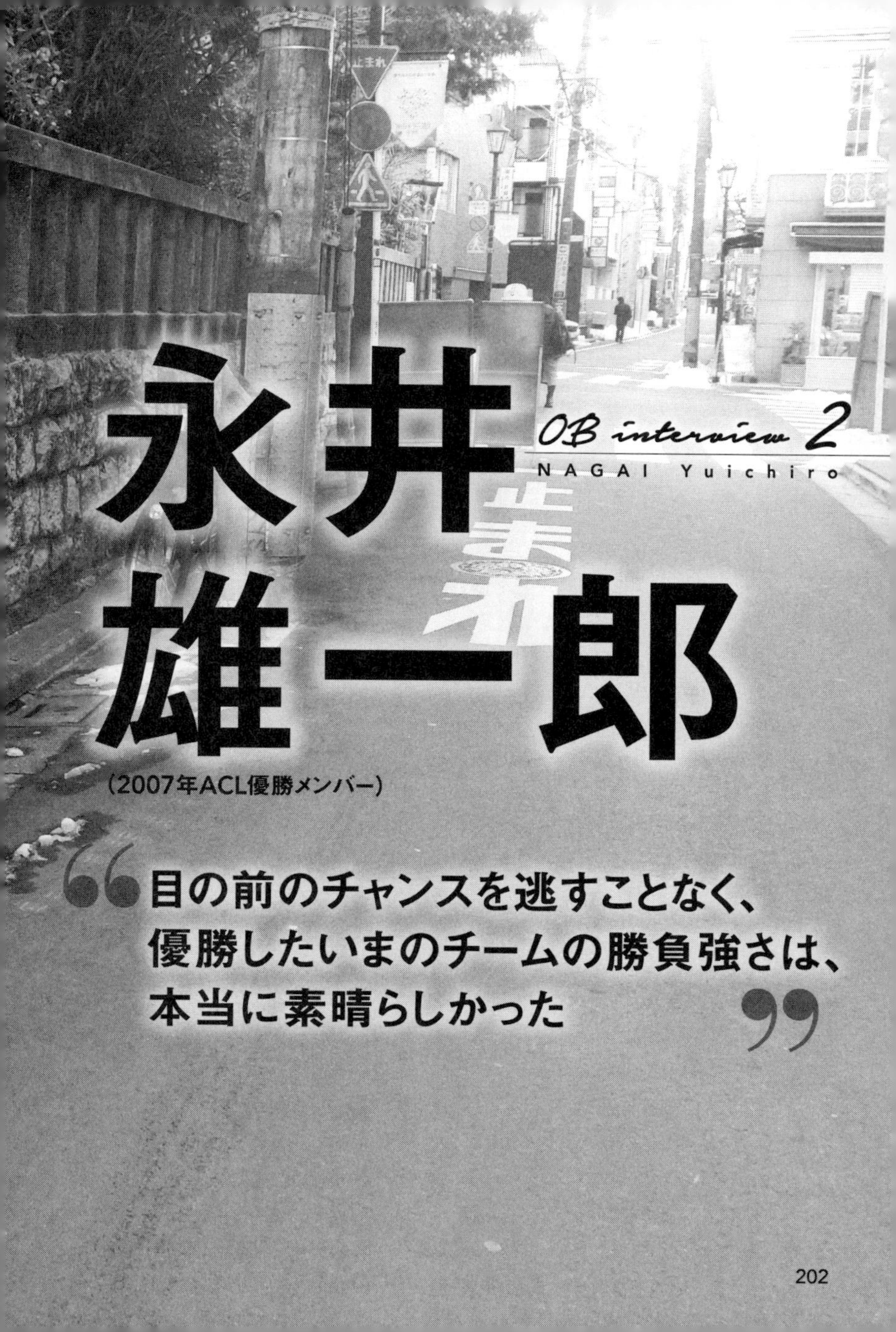

OB interview 2

NAGAI Yuichiro

永井雄一郎

(2007年ACL優勝メンバー)

“目の前のチャンスを逃すことなく、
優勝したいまのチームの勝負強さは、
本当に素晴らしかった”

［平川忠亮と阿部勇樹の言葉］

――「埼玉県民の日」（11月14日）に初めてACLを制した日から10年。ACL決勝・第2戦、埼スタには永井雄一郎さんの姿がありました。

「AFCオフィシャルレポーターという貴重な経験をさせていただきました。現役選手である身なので、オファーに対して少し考えましたが、いまは務めて良かったなと思います。こういうお話がないと、チームを離れた自分が10年後、またACL決勝の埼スタに立つことはなかったでしょうし。レポーターとしては、サポーターでごった返していた南広場にも行きました。みなさんに歓迎してもらったこと、うれしかったですね」

――埼スタには5万7727人のサポーターが集結。選手は、サポーターが作り出したコレオグラフィーや、声の力に感動していました。

「多くの人は一度、喜びを味わってしまうと、新しい喜びがない限り、少しずつ非日常を日常に感じたり、物足りなさを感じたりするものだと思います。10年前、スタジアムには本当にたくさんの方が応援に来てくれました。ただ、それから少しずつ空席が目立

つようになったと聞いています。他クラブから比べれば、その人数も圧倒的に多いことは分かっていますが。ただ今回、ＡＣＬ決勝の切符をつかみ、もう一度、浦和レッズがアジアのチャンピオンになれるかもしれないという期待感が、この10年でちょっとスタジアムから離れていた方までにも届いて、いまのチームに期待してくれたのだと思います。それがこの人数に表れているのではないかと。それだけＡＣＬ決勝は大きなことですし、そこで目の前のチャンスを逃すことなく、優勝したいまのチームの勝負強さは、本当に素晴らしいです」

――チームの勝負強さとは？

「あの勝負で勝ち切ったことです。引き分けでの優勝ではなく、最後にゴールを奪って、勝ち切ったことに勝負強さがあります。第1戦で、アウェイゴールを奪って帰ってきたことは有利に働いたと思いますが、相手があることなので、そうは簡単に展開できません。第2戦の、あの1戦だけではなく、準決勝第2戦やその前の済州ユナイテッドＦＣ戦や川崎フロンターレ戦などのラウンド16以降の戦い、グループステージでの戦いなど、すべての試合がつながって、第2戦での選手たちの強さに表れたのだと思います。相手

も前半から出来は良かったですよね。でも、あらゆる場面で浦和レッズのほうが優っていました。そして、時間が経つごとに相手には焦りのような変化が見えてきました。レッズサポーターのみなさんも、あの試合を見たら『また観たい』という気持ちになってくれたのではないでしょうか。次への期待感を大きくさせる1戦でした。本当に大きな勝利、大事な優勝でした」

——平川忠亮選手や阿部勇樹選手とはお話をされましたか？

「終わった後に話をしました。優勝したとはいえ、ヒラ（平川忠亮）としては、自分は試合に出ていないという複雑な気持ちがあったと思います。それでも、僕は話を聞かずにはいられませんでした。僕にとってのヒラは79年の同じ生まれ年で、いまでも第一線でプレーする選手の一人、特別な存在です。ヒラのいる浦和レッズが優勝したことがうれし過ぎて、声をかけてしまいました。

阿部ちゃん（阿部勇樹）にもマイクを向けました。言葉を交わしたときに率直に感じたのは、阿部ちゃんは相当、ここまで苦しんだのではないかなということ。チーム状況など、とても苦しんだ中で勝ち取った優勝だったのではないかと思います。阿部ちゃん

© Atsushi TOKUMARU

はね、たくさん話してくれたのですが、その中で僕らOBに向けて話してくれた言葉があるんです。『OBたちがスタジアムに足を運んでくれて、いろいろな形で応援してくれていることも力になった』と。そういう言葉の中からも、1年間、シーズンを通して、いや、もしかしたら、その前からずっと、本当に苦しんで、苦しんで、戦い、勝ち得たACL優勝なのだろうなと感じ取りました。ここから勝ち続ける、タイトルを獲り続けるなんて簡単なことではないですが、いまのチームにはそうなってほしいですね」

——阿部選手の苦しさを、彼の言葉などから感じ取ったとのことですが、07年は阿部選手の移籍した年です。永井さんには、どのような選手に映っていましたか？

「阿部ちゃんはどちらかと言うと、あのときは控えめでした。もちろん、戦力としては絶対的に大事な選手で、欠かせない存在でしたが、いまほどのリーダーシップをピッチ上で取っていたかというか、感情を表に出していくような感じではなかったですね」

【10年前。オジェックに託されていた使命】

――柏木陽介選手がMVPでしたが、10年前は永井さんでした。

「ACLは、自分の中でやり切った大会でした。チームとしてはヤマザキナビスコカップ制覇に始まり、ステージ優勝、リーグ優勝、天皇杯優勝とタイトルを獲得してきましたが、自分がそれぞれの大会を通して貢献できたのかと言えば、違います。自分の中で手ごたえがあったのは、唯一と言っていい、10年前のACLでした」

――選手だからこそ、の感覚ですね。07年では個性あふれる11人の中で、永井さんは周りを生かす役割だったように見えました。

「あのシーズンは、オジェック監督から唯一言われたことがあります。それは『ワシントンは動かないから、ワシントンにボールが入るように、永井がワシントンの周りを走って、パスコースを作ってくれ』と。それをずっと言われ続けた1年でした。反抗？しましたよ（笑）。夏ぐらいかなあ。だって、走ることが大事だとされているのでボールに触れられないですし、周りを生かすことにストレスが溜まって『ドリブルがしたい』と強く思って。そういうプレーをちょっと見せたこともありました。でも、すぐにメンバーから外されました（笑）。

外れてから何試合か経って、監督に呼ばれまして、オジェック監督から『オレがお前に話したことを覚えているか？』と言われました。『はい、覚えています……。分かっています……』と答えるだけですよね。ずっと言われてきたことを忘れるわけがありません。オジェック監督は『与えた役割をお前がやらないのであれば、試合に出られない』とハッキリと言いました。そうなると、仕方がありません。試合に出ないと何も残りませんから、気持ちをリセットして、もう一度、オジェック監督が僕に与えた役割に徹しました」

――我慢してでもピッチに立ったからこそのACL決勝でのゴール、大会MVPだっ

たのですね。

「決勝ではポンテがパスを出してくれて、ゴールを決めることができました。我慢してきたことなどいろいろなことが報われた瞬間でした」

――そういう意味ではオジェック監督も、ギド・ブッフバルト監督も自信に満ちあふれていましたね。勝利への執念が強かったというか。

「何をしていても、勝ちなさいとよく言われました。結果がすべてでしょ、と。僕はドイツのカールスルーエへ留学経験がありますが、同期のドイツ人選手が言っていたのは『オレたちは、サッカーはうまくはないが、1対1の戦いではオレは勝つ』ということ。彼らは『そういう戦いで頑張るしかないのだ』と言っていました。何があっても勝つことがすべて。ブッフバルト監督もオジェック監督も、自分はこういうサッカーがしたいということは言ったことがないし、ある意味、プロなのでしょうね」

――堀孝史監督も「コンディションの良い選手を起用する」と基準を明確に示しました。

「堀さんが監督に就任してから、選手をフラットに見て、コンディションが良い選手を積

極的に使うと話したことで、全体の士気が高まったと聞きました。11人だけで戦うのか、それとも20人を超えるメンバーが戦える状態を作るのか、では違います。後者の状況ならば自分自身に厳しくなるだろうし、自分に厳しくできると思います。常に見られている、チェックされている中で『自分は結果を出すのだ』という強い気持ちは、07年のレッズにもありました。日々、みんなで（公式戦での）出場権をかけて競争していました。紅白戦は、本当に激しかったですよ。どの公式戦よりも、紅白戦が一番大変でしたから」

――07年当時はそういう話をよく耳にしました。

「サブ組は対戦相手のフォーメーションや予想される役割で戦うのですが、それはとても悔しいことですよ。あれは06年のガンバ大阪とのリーグ最終節の前かな。最後の紅白戦は、僕たちサブ組が余裕で勝ちました。3‐0くらいだったかな。プロとして『結果で見せるぞ。オレらのことを出せよ』という気持ちを出して紅白戦に臨んでいましたし、先発予定の選手たちは紅白戦に負けたことで、またそのときのサブ組の勢いを感じることで、公式戦のピッチに立つ以上は、しっかりとやらなければという気持ちになってくれたと思います。日々の練習からチームは底上げできるのです」

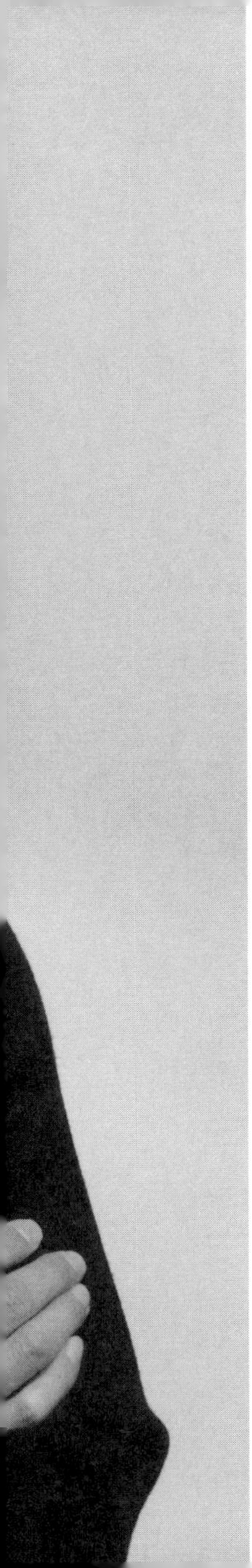

――堀孝史監督がチームの緊張感をもたらした、と。

「みんなが切磋琢磨した証でしょう。それまでペトロヴィッチ監督の下でスタメン出場していたメンバーも『これではダメかもしれない』という危機感が生まれたと思います。一つでもレベルを上げなければ出られないかも、と思ったでしょうし、危機感がチームを成長させてくれたと思います」

――もうＡＣＬ優勝は過去のこと。勝ち続けることが求められます。

「そうです。ここからがまた始まりですね。今年、アジアの舞台に立てないのは厳しいですが、それも現実です。もう一度、国内タイトルを獲って、またアジアの舞台で戦ってほしい。頑張ってほしいです」

オジェック監督やブッフバルト監督には、何をしていても、勝ちなさいとよく言われた。結果がすべてでしょ、と

PROFILE

永井 雄一郎（ながい・ゆういちろう）

1979年2月14日 生まれ、39歳。東京都出身。三菱養和ユースから1997年に浦和レッズへ加入。途中、ドイツのカールスルーエへ短期留学。99シーズンに浦和へ復帰し、07年のACLではセパハンとの決勝で先制点を奪取。初のアジア制覇に貢献した。

第6章

新たに得た世界への渇望

―― クラブW杯編

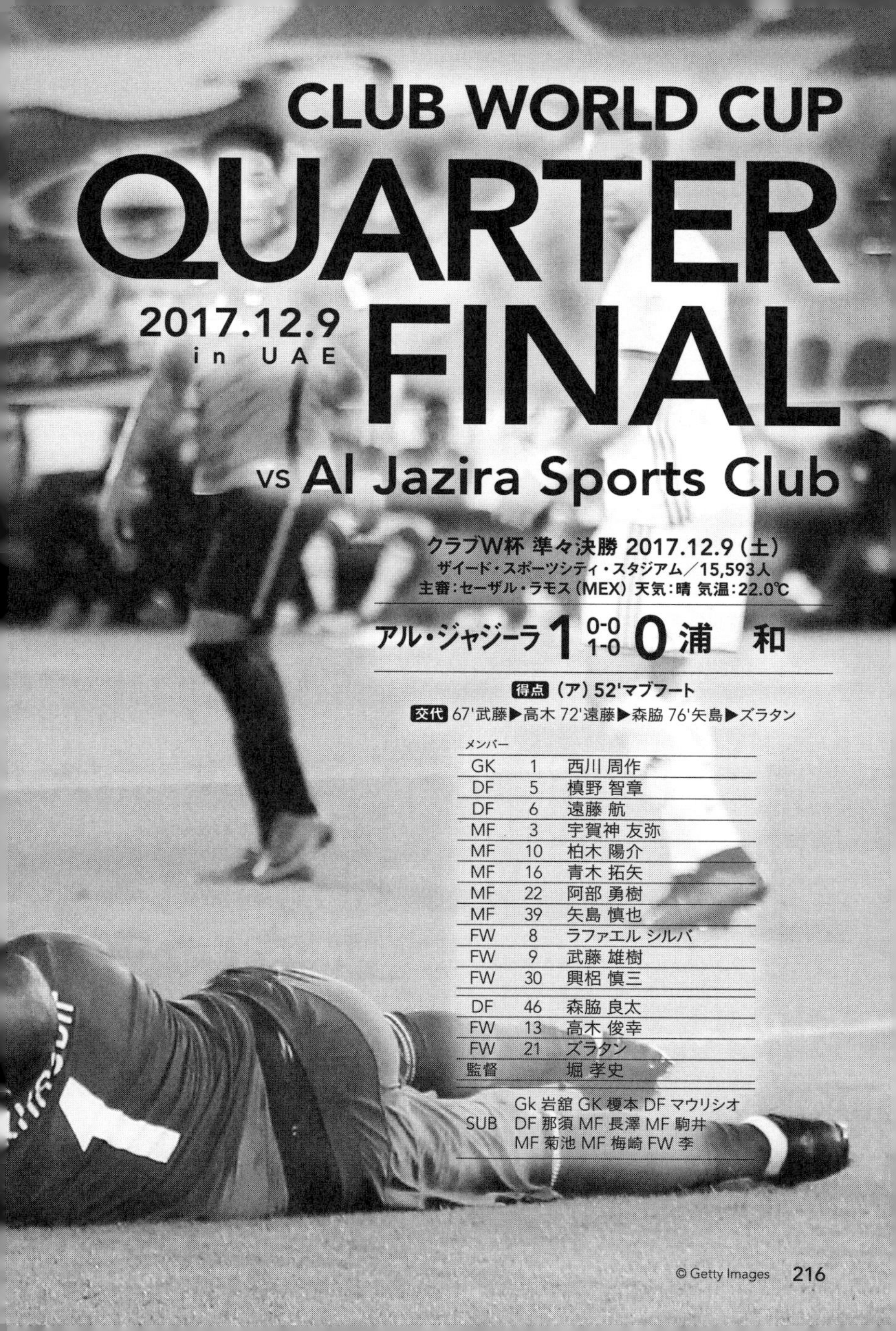

CLUB WORLD CUP QUARTER FINAL

2017.12.9
in UAE

vs Al Jazira Sports Club

クラブW杯 準々決勝 2017.12.9（土）
ザイード・スポーツシティ・スタジアム／15,593人
主審：セーザル・ラモス（MEX） 天気：晴 気温：22.0℃

アル・ジャジーラ	**1**	0-0 1-0	**0**	**浦　和**

得点 （ア）52'マブフート

交代 67'武藤▶高木 72'遠藤▶森脇 76'矢島▶ズラタン

メンバー

GK	1	西川 周作
DF	5	槙野 智章
DF	6	遠藤 航
MF	3	宇賀神 友弥
MF	10	柏木 陽介
MF	16	青木 拓矢
MF	22	阿部 勇樹
MF	39	矢島 慎也
FW	8	ラファエル シルバ
FW	9	武藤 雄樹
FW	30	興梠 慎三
DF	46	森脇 良太
FW	13	高木 俊幸
FW	21	ズラタン
監督		堀 孝史
SUB		Gk 岩舘 GK 榎本 DF マウリシオ DF 那須 MF 長澤 MF 駒井 MF 菊池 MF 梅崎 FW 李

アジア王者として、
10年ぶりにクラブW杯に挑んだ浦和。
初戦の相手は開催国（UAE）代表の
アル・ジャジーラとなった。
立ち上がりは悪くなかったが
決め切れずにいると、
後半に先制点を献上。
結果的にこの1点を
返すことができず敗戦。
欧州王者レアル・マドリーとの
一戦は幻と消えた。

Point of the game

ポイント

番記者が勝敗の分かれ目などを振り返ります。

開催国王者を相手に一瞬の隙をつかれて敗退

大会初戦で悪くない立ち上がりを見せる

浦和レッズにとって、10年ぶりの出場となったＦＩＦＡクラブＷ杯。その初戦は、オセアニア王者のオークランドシティを1対0で下した開催国王者、アル・ジャジーラが相手となった。ＡＦＣチャンピオンズリーグで数々の瀬戸際の戦いをモノにしてきた浦和は、大会初戦で悪くない立ち上がりを見せる。矢島慎也と柏木陽介を並べた二人のインサイドハーフのパス出しから、特に右サイドの攻撃が機能。前半は右に入った武藤雄樹やサイドバックの遠藤航から好機を演出していく。28分に武藤が入れたクロスを興梠慎三が合わせて好機を作った。だが、そのチャンスが一番の決定機で、フィジカルを生かした守備で対応したアル・ジャジーラの牙城を崩せなかった。

ある程度、中盤でボールを持たせてくれたことが、浦和の攻撃の威力を削ぐことに

なったのかもしれない。相手GKの好守や、フィジカルに優れたDFの対応を前に、刻一刻と時間が過ぎていく。

待っていた大きな落とし穴

そして待っていたのは大きな落とし穴だった。52分、ピッチ中央で受けたロマリーニョから縦に鋭いスルーパスが出る。阿部勇樹と槙野智章の間をパスで通されてしまった。高い守備ラインを突いたマブフートがうまい動き出しから抜け出し、西川との1対1を股抜きシュートで制した。

ビハインドを負って以降は、ズラタンを投入するなどして2トップ気味に配置を変える。遠藤の負傷により代わって入った森脇良太が、何度も相手陣内深い位置まで進出するなど、前線に力をかけた。しかし、あと一歩及ばなかった。

「先制されたことが一番大きかった」とは、阿部の言葉だ。先制されて途端に厳しい状況になった。ボールを持たせてくれた前半に、欲を言えば仕留めたかった。ACLとは違い、挽回可能なホームでの第2戦はない。あのレアル・マドリーと対戦する千載一遇の機会を、目前で逃すこととなった。

Comment after game

コメント

1 NISHIKAWA Shusaku

前半から自分たちがボールを保持できて、**勝てそうな雰囲気はあったんですけど、ゴールまで行けそうで行けない**。逆に自分たちがボールを持っているときのほうがピンチになりやすいので、GKとして常に注意はしていました。相手も引いて守るような形をとって、ボールを奪ったら常に背後を狙っていたので、前半は相手に合わせてしまった部分がある。後半はもっとサイドを使いながら、攻撃はできていたと思いました。チャンスはあっても決め切れなかった事実は、チーム全体の悔しさです。ピンチもあまりない中で、あのパス1本でやられてしまったのが悔しいですね。

―― 西川 周作

MORIWAKI Ryota 46

“**出場したのはまあ急きょです**ね。前半は浦和らしいプレーができましたけど、もっとシュートを打ちたいですよね。もっとシュートシーンをバリエーション多く増やしたい。最初のビッグチャンスが決まっていればまた展開は違ったかもしれませんが、負けてはいけない相手でした。”

—— 森脇 良太

“まずは決定機を決められなかったこと。もちろん、興梠慎三のせいだけじゃない。それと、スタジアムの雰囲気、相手の入り方の緩さで、少しチームとしての油断が生まれたの気はする。次、レアル・マドリーとやりたかったけど、それよりも「ここで負けるか」という気持ちが大きい。しかもワンチャンスだけで。**大事な試合で勝てないことが多くて、もうそういう試合をしたくないと思っていた**のに、点を取れずに失点してしまった。”

—— 柏木 陽介

10 KASHIWAGI Yosuke

Analysis of the game

ツヅキック

浦和レッズで活躍された元日本代表GK
都築龍太さんが試合を解説！

レッズはリスクのある攻撃をしなかった

ふがいない試合で敗戦

すごくふがいない試合だった。レッズは中盤になかなかボールが入らず、縦に1本長いボールを入れて勝負するような形になってしまった。決定的だったのは28分の興梠選手のシュート。二人で崩して良いボールを上げて、興梠慎三選手の動き出しも完璧でフリーになった。あとは入れるだけだったけど、決められなかった。

アル・ジャジーラはレッズ用のシフトだったと思う。ブロックを作って、まったく無理をせず、プレッシャーも掛けてこなかった。それに対して、レッズもリスクのある攻撃をしなかった。相手が下がっているときに長いボールを入れても崩せないし、中盤でつなぐ意思を見せないと良い攻撃は生まれない。

チャンスもあるにはあったけど、決定的なチャンスは興梠選手とラファエル・シルバ選手のシーンぐらい。セットプレーもクロスボールも、単純に上げてＧＫに取られることが多かった。展開はかなりスローだったけど、レッズとしては慎重になるべき相手ではなかった。

世界の地で、まさかの敗戦を喫した

ACL決勝よりもレベルの低い相手だった

失点場面は考えられないようなポジショニングだ。その直前にも危ないシーンがあった。3バックでも4バックでも、DFが一人しかいない形は作ってはいけない。槙野智章選手は点を取った選手を最終ラインで見ておくべきだった。あのときは残っているのが阿部勇樹選手だけだった。それがリスクマネジメントの徹底不足を表していた。決定的なピンチはそれだけだったけど、相手はそこを狙っていたと思うし、それを分かっていながら最終的に入れられてしまったことが最悪だった。

正直、ACL決勝で戦ったアル・ヒラルと比べると、アル・ジャジーラのレベルは、個人、組織、戦術も含めて低かったと思う。もう1試合あるので、何とか結果を出して帰ってきてもらいたい。5位決定戦のウィダード・カサブランカ戦は、今大会はもちろん、今季最後の試合。クラブW杯に出るチャンスはほとんどないし、アフリカのチームを相手に、これまでにない経験ができると思う。

シーズン途中での監督交代もあった中、
10年ぶりにアジアを制した激動の2017シーズン。
最後の公式戦は、クラブW杯の
5位決定戦ウィダード・カサブランカとの一戦となった。
浦和らしく戦ったチームは3ゴールでアフリカ王者に競り勝ち、
最終戦を白星で飾った。

© Getty Images

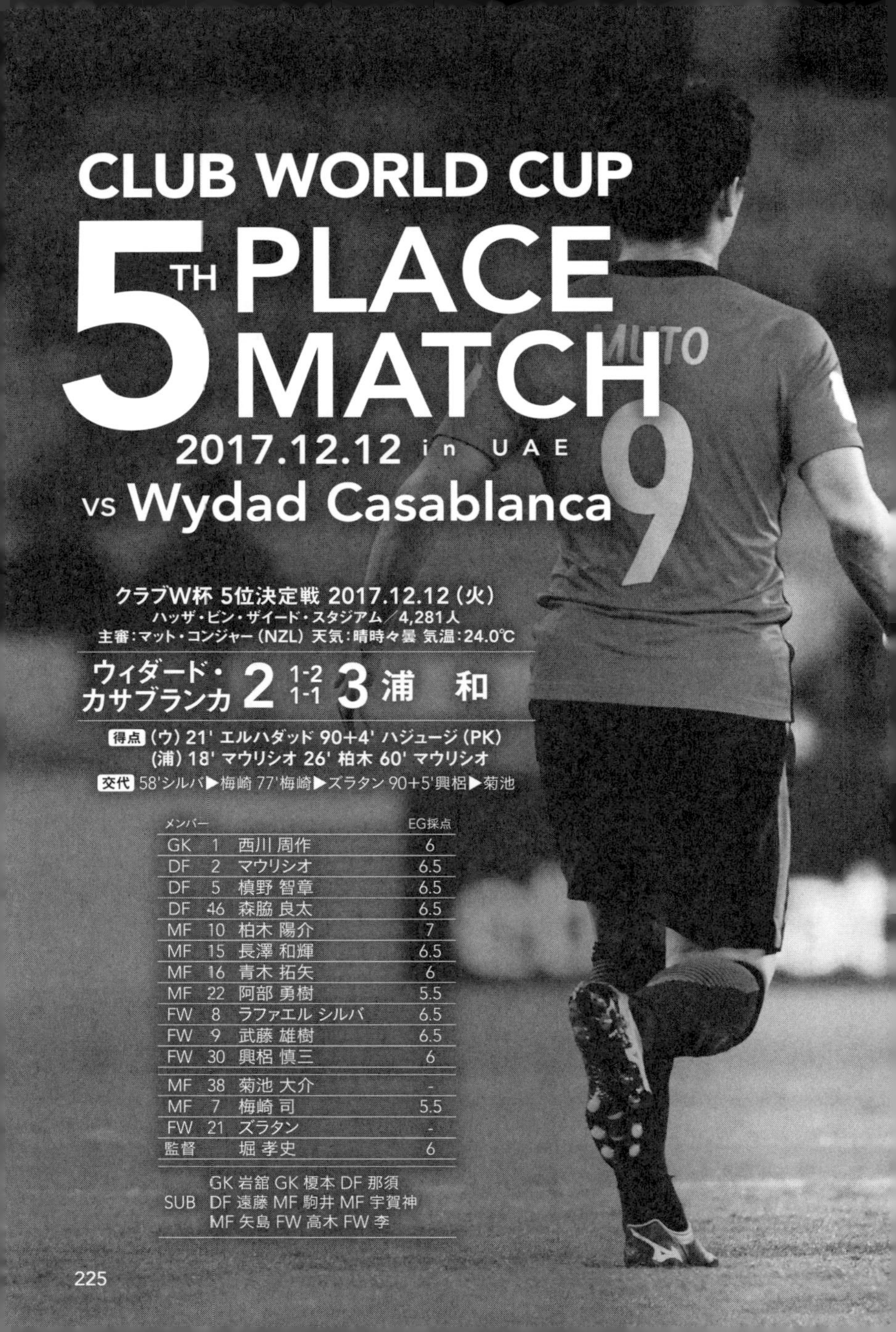

CLUB WORLD CUP 5TH PLACE MATCH

2017.12.12 in UAE

vs Wydad Casablanca

クラブW杯 5位決定戦 2017.12.12（火）
ハッザ・ビン・ザイード・スタジアム／4,281人
主審：マット・コンジャー（NZL）天気：晴時々曇 気温：24.0℃

ウィダード・カサブランカ	2	1-2 1-1	3	浦和

得点 （ウ）21' エルハダッド 90+4' ハジュージ（PK）
（浦）18' マウリシオ 26' 柏木 60' マウリシオ

交代 58'シルバ▶梅崎 77'梅崎▶ズラタン 90+5'興梠▶菊池

メンバー			EG採点
GK	1	西川 周作	6
DF	2	マウリシオ	6.5
DF	5	槙野 智章	6.5
DF	46	森脇 良太	6.5
MF	10	柏木 陽介	7
MF	15	長澤 和輝	6.5
MF	16	青木 拓矢	6
MF	22	阿部 勇樹	5.5
FW	8	ラファエル シルバ	6.5
FW	9	武藤 雄樹	6.5
FW	30	興梠 慎三	6
MF	38	菊池 大介	-
MF	7	梅崎 司	5.5
FW	21	ズラタン	-
監督		堀 孝史	6

SUB GK 岩舘 GK 榎本 DF 那須 DF 遠藤 MF 駒井 MF 宇賀神 MF 矢島 FW 高木 FW 李

Point of the game

ポイント

番記者が勝敗の分かれ目などを振り返ります。

2017年の公式戦が終了 勝利で1年を終える

アフリカ王者に勝利、体裁は保つ

アジア王者としての体裁は何とか保つことができた。アフリカ王者のウィダード・カサブランカに3対2で勝利。アフリカ勢らしいフィジカルとスピードを持ち、北中米カリブ海王者のパチューカとも延長戦までもつれた相手から、3得点を奪った。

浦和がこの試合で意識したこと。それは結果はもちろん、良い試合をすること、自分たちの力を出すことだった。攻撃はリーグを含めてここ3試合と同様、［3－4－3］の形。ただ、意識は違った。

長澤和輝が「前に人数を掛けて攻撃していくことは意識していた」と言えば、柏木陽介が「今までは2、3人で攻めきる形が多かったから点を取れていなかったけど、前に行ったときにもっと人が入っていくことと、後ろのボール回しで俺と長澤のどっちかは

前に残るとか、センターから持ち運ぶことを心がけてプレーした」と説明した。

その結果、ボールを保持しながら攻撃をしかけることができた。それも単にボールを回すだけではない。長澤から興梠慎三、武藤雄樹とワンタッチでつなぎ、ラファエル・シルバのクロスを柏木が押し込んだ2点目のシーンに代表されるように、コンビネーションを駆使した攻撃も見せた。それは「良い崩しもできたし、良い形で得点も取れた」（興梠）ことに加え、「やっていて楽しかった」（興梠）ことにもつながった。

悔しさは残り、戦いは続く

ただ、悔しさは残る。敗れた初戦で見せた硬さだ。互いの戦術の相性もあれど、明らかにウィダード・カサブランカより力が劣るであろう、アルジャジーラになぜ勝利できなかったのか。西川周作と興梠はともに「試練」という言葉を用いた。

柏木は準々決勝後に限らず、大会を終えてもなお「一つ先を見て試合をしたときは、良い結果が出ないとあらためて思った」と無念を言葉ににじませた。

今季の公式戦はこれで終わったが、浦和の戦いは続く。この経験を必ずや生かし、さらなる栄光をつかむために。

（菊地 正典）

Comment after game

コメント

10 KASHIWAGI Yosuke

満足していると言うとおかしいけど、前回の試合を踏まえて考えたら良いゲームができたと思うし、個人的にも最後まで走り切って良いプレーができた。サポーターはここまで応援しに来てくれてありがたいなと思うし、また浦和レッズのためにタイトルをもたらしたい。**また何かをみんなにプレゼントしたいという気持ちが強い。**

―― 柏木 陽介

1回戦で負けてしまって、チームが次に進めずに、トーナメントの下のほうに回ってしまったこともすごく残念だったし、個人としても試合に出られなかったのは、ただ悔しいという思いだった。今日は勝てて良かった。**過ぎたことは頭を切り替えて、勝利のため**にやるしかないと思っていた。

―― 長澤 和輝

15 NAGASAWA Kazuki

1

NISHIKAWA Shusaku

1年を締めくくる意味でも、勝って終わることは大切だった。**チームとして気持ち良く帰れる**。もっとできたかもしれないけど、アフリカ王者に素晴らしい試合をして、5位で終えられたことは、チームとしてもポジティブなこと。結果は良かったと思う。

—— 西川 周作

先制点はミートすることを特に意識した。**トラップをした瞬間に狙うしかない**と思っていた。自分が狙ったところにボールが行ってくれて良かったと思うし、本当はもっと綺麗な形で入れば良かったけど、しっかりとゴールになったことが一番うれしい。

—— マウリシオ

2

Maurício

モチベーションの意味では非常に難しいものがあったけど、日本に帰るまで勝利が一つもない状況では情けないと思ったし、チームとしての力を最後まで出すべきだった。**みんなが同じ気持ちでいてくれて、こういう結果で終えることができてよかった**。

—— ラファエル シルバ

8

Rafael Silva

Analysis of the game

ツヅキック

浦和レッズで活躍された元日本代表GK
都築龍太さんが試合を解説！

マウリシオ選手が入って、ボールも回るようになった

初戦よりも強い相手に、初戦よりも良いサッカーができた

良い試合だった。1試合目とは全然違ったし、アグレッシブに攻撃して、点を取った形はすべて良かった。それに至るまでの展開も非常に良かった。柏木陽介選手が起点になっていたのと、マウリシオ選手が積極的に前に出ていたことが良かった。彼が入ってボールも回るようになった。

最近の試合と特に違いを感じたところは、中盤から前にリスクがあるボールを入れて、相手がいても恐れずに速いボールを当てていたこと。そこで前を向ければ決定的なチャンスになる。ミハイロ・ペトロヴィッチ前監督の攻撃ができて、堀孝史監督がやろうとしている守備ができた。バランス良く攻撃も守備もできた。

個人技もあるけど、真ん中だけではなくサイドも使ったから、相手は的を絞れなかった。かと言って、守備のバランスが崩れたわけでもなかった。初戦よりもウィダード・カサブランカのほうが強かったと思うけど、浦和も初戦とは全然違う良いサッカーができた。

マウリシオの良さが存分に出た試合

来季は選択肢がたくさんあるサッカーを

来季はキャンプから堀監督が準備を進めることができる。堀監督はいまのシステムにそこまでこだわりがあるわけではないと思う。これから補強していくなかで、センターバックが取れたらマウリシオ選手を一つ上げてもおもしろい。そして、柏木選手がボールを持ったときの前の動き出しも重要。今年はうまくいった部分とうまくいかなかった部分がハッキリ見えたから、修正はしやすいはず。

中盤から前で動き出しを多くして、ボールを持っている選手の選択肢がたくさんあるサッカーをしないといけない。止まって受ける、出す、というサッカーでは、プレーのスピードは遅くなる。それを前提として、DFが前に出てリスクを冒すのか、前の選手たちのアイディアでやるのかは考えどころ。リスクを冒せば守備のバランスは問題になってくるけど、守備に重点を置き過ぎると攻撃の人数が足りなくなる。全員で守って全員で攻めるのが一番良いこと。

Away Column

エルゴラッソ番記者のアウェイ戦記

効かないカードキー、そしてジングルベルの大合唱

浦和が10年ぶりに出場したクラブW杯。アウェイでは初めての世界との戦いになったが、その前に僕はホテルと戦わなければいけなかった。

いつものようにチェックインし、いつものようにカードキーをもらい、いつものように部屋に入ろうとする。しかし、鍵がどうにも開かない。とりあえずフロントに戻り、ワンタイムのカードキーをもらったのだが、それでも開かない。再びフロントに行くと「ワンタイムだからエレベーターでも使うな」と。エレベーターもカードキーをかざさなければ部屋に行けないタイプなのだが、確かにさっきは使っ

2017.12.10 in Abu Dhabi

たぞ、と。そして今後は元々持っていたカードキーをエレベーターで使い、あらためてもらったキーを部屋のドアにかざす。…やっぱり開かない。三たびフロントへ行くと、従業員が呆れ顔でマスターキーを持ちながら一緒に来ることに。もう大丈夫だろう、と思いきや、それでも開かない。「1分待ってくれ」。そう言って一度去った従業員が手にしていたのは、普通の鍵。結局、カードキーでは反応せず、普通の鍵で開けることに。僕は何も悪くなかった…。

そんな戦いからスタートしたアブダビ遠征だったが、他にも驚くようなことが。季節はクリスマス直前。ホテル近くのショッピングモールでは店員さんがサンタ帽をかぶっていた。中華料理店ではギターの生演奏とともに「ジングルベル」の大合唱！ これは同じイスラムの国でも、観光客が多く、ルーブル美術館が海外初の別館を作ったというUAEならではの光景だと言えるかもしれない。

アラブ首長国連邦（UAE）

首都 アブダビ
面積 約8万3,600km^2（日本の約5分の1）
人口 約927万人 言語 アラビア語

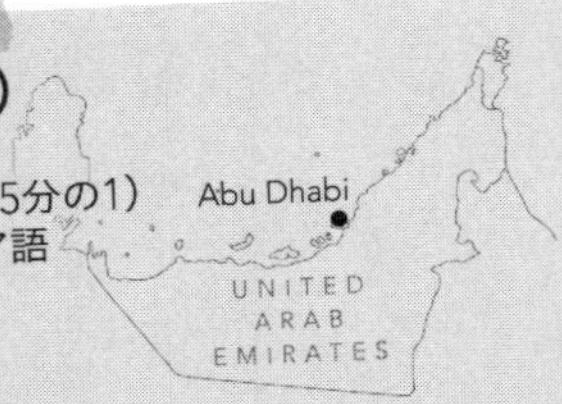

アブダビはオイルマネーで豪華絢爛

UAEは7つの首長国が一つの国を形成している。その一つであるアブダビは、オイルマネーで著しい発展を見せる同国の首都。奇抜な形をしたビルや豪華絢爛なホテル、砂漠ツアー、ビーチリゾートと見どころ満載だ。

日本との時差：−5時間
東京からの距離：約8,070km
（飛行機で約13時間）

あとがき

偉業達成は、新たな歴史へのキックオフ

2007年以来、10年ぶりのアジア制覇。日本勢が二度目のアジア制覇を果たしたのはACLの前身大会であるアジアクラブ選手権を含め、50年の歴史の中で初めてのこと。まさに偉業と言えるだろう。

プロローグで有賀さんが記したとおり、17年は必ずしも大成功と言えるシーズンではなかった。リーグ戦の不振や多くの選手が〝父〟と慕ったペトロヴィッチ監督の契約解除。シーズン途中では過去6シーズンで最悪とも言える状況に陥っていた。

しかし、それを力に変えてシーズン後半のAFCチャンピオンズリーグでは素晴らしい戦いを見せた。決勝トーナメントでは逆転に次ぐ逆転。特に準決勝、決勝ではなりふり構わずに結果を求めた。守備的とも捉えられる試合だったが、選手の奮闘ぶりは感動的ですらあった。

選手たちだけではない。準決勝や決勝のホームで見せた圧巻のコレオグラフィー

を始め、アウェイを含めてどんな場所でも大声援を送って選手を後押しし続けたサポーター。本書での白戸秀和本部長のインタビューでも掲載されているとおり、観光ビザが取得しづらく、渡航が極めて難しいサウジアラビアにも〝史上最高〟の人数を送り込むために尽力したスタッフ――。挙げればキリがないが、浦和に関わるすべての人、浦和に協力したすべての人の勝利だったことも、本書をお読みいただければ分かるだろう。そして、その感動が少しでもよみがえる役割を本書が果たせるならば、関わった人間として幸せなことだ。

ただ、瞬間的に頂点を極めたのかもしれないが、これがピークではない。二度目のアジア制覇と同様、日本勢として初めて出場した海外開催のクラブW杯。開催国（UAE）枠で出場したアル・ジャジーラに勝利すれば世界屈指、いや世界最高とも言える歴史と伝統を持つビッグクラブ、レアル・マドリーとの対戦が実現したはずだった。

欧州王者、そして前年度の世界王者との対戦。それは誰もが待ち望んでいたものだった。しかし、最高潮のモチベーションで迎えたクラブW杯での結果は無残だった。アジア王者とACLグループステージ敗退チームの対戦で、浦和は残念ながら〝脆さ〟

を見せてしまった。

そして今季、ＡＣＬの出場資格の有無は国内での結果だけに限られたため、ディフェンディングチャンピオンでは出場資格を得られない浦和は、アジアの舞台に立つことができない。

ＡＣＬ準決勝の上海上港戦、決勝のアル・ヒラル戦の勝利後には、これまでの試合後の所作を思えば目を疑うほど、まるで子どものようにはしゃぎ、全身で喜びを表現していた興梠慎三は、「これでタイトルをコンプリートしたので、もう辞めようかな?」とうそぶきながらも、その数分後には力強くこう話していた。

「やっぱりアジアの舞台は素晴しかった。来年（18年）はＪリーグで優勝して、またこの舞台に戻ってきたい」

繰り返しになるが、アジア制覇は偉業にほかならない。ただ、それは〝タイムアップ〟ではない。浦和の未来へと続く〝プレーオン〟であり、新たな歴史への〝キックオフ〟だ。

2018年2月　菊地 正典（ＥＬ ＧＯＬＡＺＯ）

URAWA REDS Asian Football Confederation Champions League 2017 Records

AFCチャンピオンズリーグ2017 レコード

GROUP F 順位表

順位	チーム(国名)	勝点	勝	分	負	得	失	得失
1	浦和レッズ(日本)	12	4	0	2	18	7	11
2	上海上港(中国)	12	4	0	2	15	9	6
3	FCソウル(韓国)	6	2	0	4	10	15	-5
4	ウェスタン・シドニー・ワンダラーズ(豪州)	6	2	0	4	10	22	-12

GROUP F 対戦表

節	日時	時間	ホーム	スコア	アウェイ	開催地
1	2.21	19:00	Wシドニー	0 - 4	浦和	キャンベルタウン
	2.21	19:30	FCソウル	0 - 1	上海上港	ソウル
2	2.28	19:30	浦和	5 - 2	FCソウル	埼玉
	2.28	19:30	上海上港	5 - 1	Wシドニー	上海
3	3.15	19:30	FCソウル	2 - 3	Wシドニー	ソウル
	3.15	19:30	上海上港	3 - 2	浦和	上海
4	4.11	19:30	浦和	1 - 0	上海上港	埼玉
	4.11	20:00	Wシドニー	2 - 3	FCソウル	キャンベルタウン
5	4.26	19:30	浦和	6 - 1	Wシドニー	埼玉
	4.26	19:30	上海上港	4 - 2	FCソウル	上海
6	5.10	19:00	FCソウル	1 - 0	浦和	ソウル
	5.10	20:00	Wシドニー	3 - 2	上海上港	キャンベルタウン

ノックアウトステージのトーナメント表

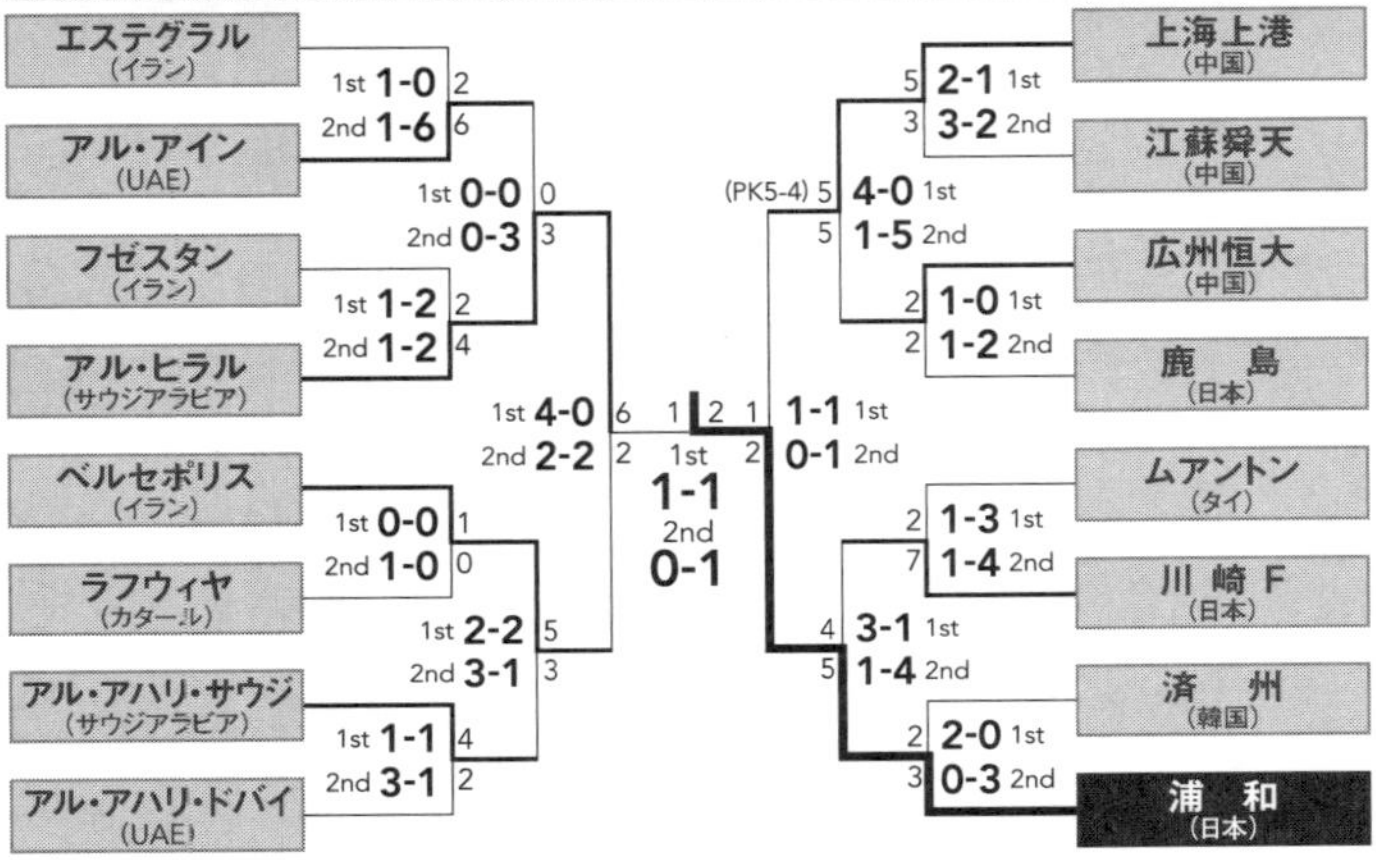

4.26 | ACL 第5節

○ vs ウェスタン・シドニー (H) 6-1

得点 14'関根 18'ズラタン 43'李 66'楠神 71'シルバ 80'シルバ 90+4'興梠

SUB
榎本
田村
長澤
菊池
遠藤
興梠
シルバ

5.10 | ACL 第6節

● vs FCソウル (A) 0-1

得点 38'ユン・スンウォン

SUB
岩舘
平川
長澤
伊藤涼
矢島
梅崎
オナイウ

5.24 | ACL R16 第1戦

● vs 済州 (A) 0-2

得点 7'トスカーノ 90+2'チン・ソングッ

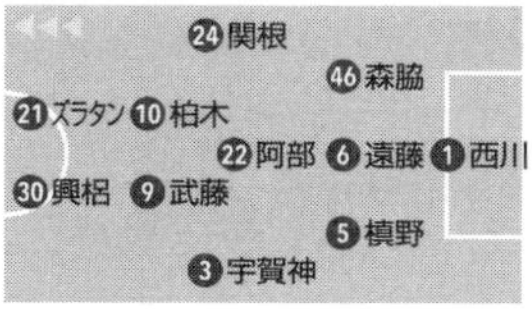

SUB
榎本
那須
青木
駒井
矢島
高木
李

5.31 | ACL R16 第2戦

○ vs 済州 (H) 3-0

得点 18'興梠 34'李 114'森脇

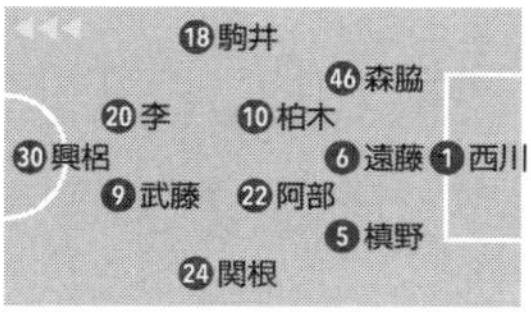

SUB
榎本
那須
青木
矢島
梅崎
高木
ズラタン

2.21 | ACL 第1節

○ vs ウェスタン・シドニー (A) 4-0

得点 56'興梠 58'李 68'槙野 86'シルバ

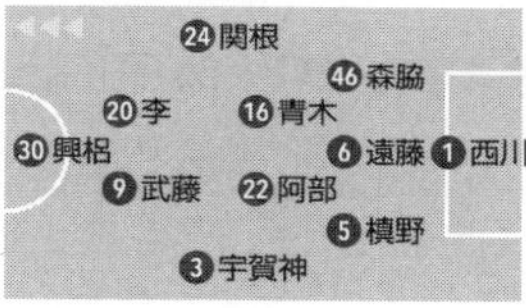

SUB
榎本
那須
長澤
菊池
矢島
シルバ
オナイウ

2.28 | ACL 第2節

○ vs FCソウル (H) 5-2

得点 9'武藤 11'李 14'パク・チュヨン 15'関根 21'宇賀神 45'駒井 90+2'ダムヤノビッチ

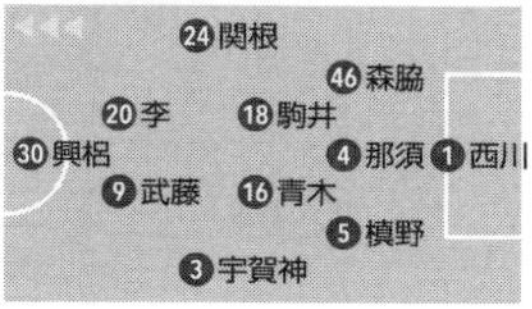

SUB
榎本
遠藤
長澤
菊池
矢島
ズラタン
シルバ

3.15 | ACL 第3節

● vs 上海上港 (A) 2-3

得点 10'シー・クー 45+1'エウケソン 52'フッキ 73'シルバ 84'遠藤

SUB
榎本
田村
那須
柏木
菊池
シルバ
武藤

4.11 | ACL 第4節

○ vs 上海上港 (H) 1-0

得点 44'シルバ

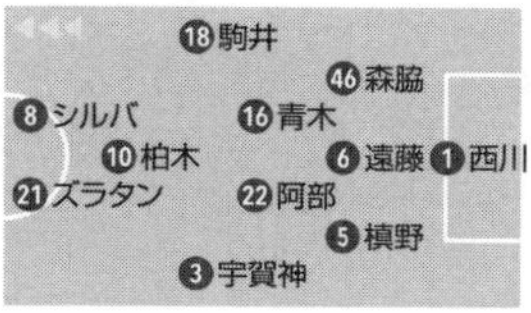

SUB
榎本
那須
長澤
菊池
矢島
李
武藤

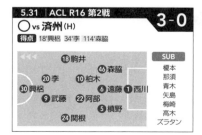

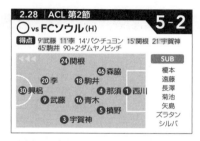

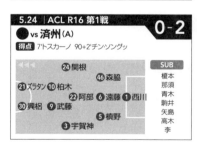

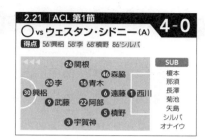

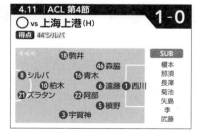

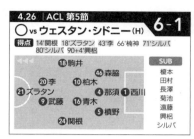

11.18 | ACL 決勝 第1戦

△ vs アル・ヒラル(A) **1-1**

得点 7'シルバ 37'フリビン

SUB
榎本
那須
森脇
矢島
梅崎
高木
ズラタン

11.25 | ACL 決勝 第2戦

○ vs アル・ヒラル(H) **1-0**

得点 88'シルバ

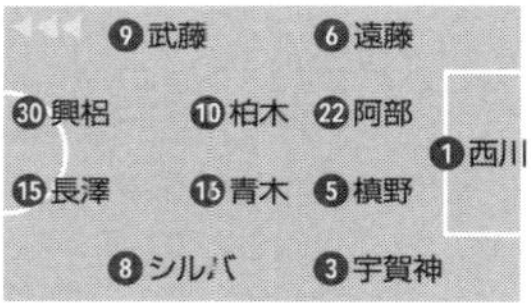

SUB
榎本
マウリシオ
森脇
矢島
梅崎
高木
ズラタン

12.9 | CWC 準々決勝

● vs アル・ジャジーラ **0-1**

得点 52'マブフート

SUB
岩舘 榎本
マウリシオ
那須 森脇
長澤 駒井
菊池 梅崎
高木 李
ズラタン

12.12 | CWC 5決

○ vs ウィダード・カサブランカ **3-2**

得点 18'マウリシオ 21'エルハダッド 26'柏木 60'マウリシオ 90+4'ハジュージ

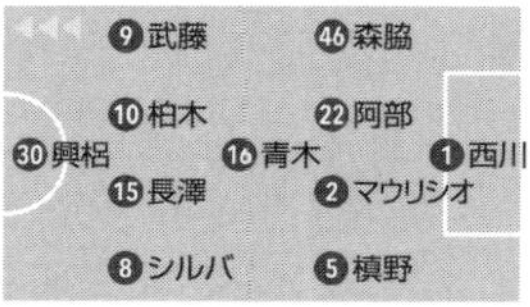

SUB
岩舘 榎本
那須 遠藤
駒井 宇賀神
菊池 矢島
梅崎 高木
李 ズラタン

8.23 | ACL 準々決勝 第1戦

● vs 川崎F(A) **1-3**

得点 33'小林 50'エウシーニョ 76'武藤 85'小林

SUB
榎本
梅崎
平川
シルバ
武藤
オナイウ

9.13 | ACL 準々決勝 第2戦

○ vs 川崎F(H) **4-1**

得点 19'エウシーニョ 35'興梠 70'ズラタン 84'シルバ 86'高木

SUB
岩舘
遠藤
平川
長澤
駒井
梅崎
ズラタン

9.27 | ACL 準決勝 第1戦

△ vs 上海上港(A) **1-1**

得点 15'フッキ 27'柏木

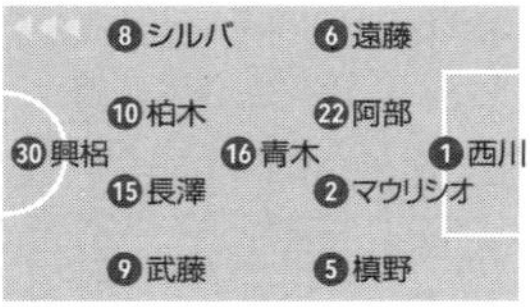

SUB
榎本
森脇
宇賀神
矢島
梅崎
高木
ズラタン

10.18 | ACL 準決勝 第2戦

○ vs 上海上港(H) **1-0**

得点 12'シルバ

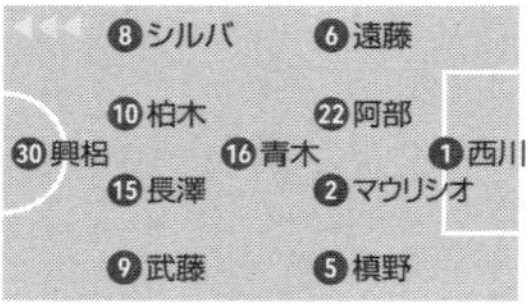

SUB
榎本
宇賀神
矢島
梅崎
高木
李
ズラタン

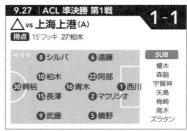

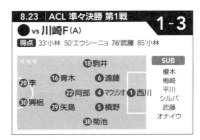

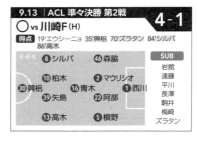

浦和ACL戦記

2017.11.25
埼スタに再び浮かび上がった巨星

2018年2月27日　初版第1刷発行

著　　者　有賀久子、佐藤亮太、
石田達也、菊地正典

発 行 者　山田 泰

発 行 所　株式会社スクワッド
〒150-0011
東京都渋谷区東1丁目26-20
東京建物東渋谷ビル別棟
お問い合わせ 0120-67-4946

印　　刷　凸版印刷株式会社

ISBN 978-4-908324-27-7

著者プロフィール

有賀 久子（REDS PRESS）
1980年生まれ。埼玉県与野市（現・さいたま市）出身。2000年より株式会社レディオパワープロジェクトに入社、浦和レッズの取材活動をスタート。また、ラジオ番組制作&営業もこなす。ラジオFM NACK5『大野勢太郎の楽園ラジオ～パワー全開!!』制作スタッフであり、自社運営のラジオアプリ「勢太郎の海賊ラジオ」では、サポーターにお馴染みの酒蔵力が提供する無料番組「REDS力SHIP」のリポーターを務めることもある。

石田 達也（REDS PRESS）
1970年生まれ。千葉県出身。「REDS PRESS」の取材・執筆のほかに、女子、アマチュア世代に至るまで国内のサッカーを取材。書籍の編集やサッカー専門誌、地域情報誌に寄稿している。

佐藤 亮太（REDS PRESS）
1972年生まれ。山形県山形市出身。ライター歴は2003年から。デビュー戦は鹿児島・鴨池のナビスコカップ予選のジュビロ磐田戦。「REDS PRESS」の取材・執筆のほかに、ラジオの放送作家という側面も持つ。

菊地 正典（EL GOLAZO）
1981年生まれ。福島県白河市出身。2011年からエル・ゴラッソ記者となり、2012年から浦和レッズを6年にわたって担当した。著書に「浦和レッズ変革の四年」（2016年2月発行）。

企画協力
株式会社ユートゥ、
株式会社SEA Global

編　集
寺嶋 朋也、郡司 聡、
中村 僚、田中 直希

カバー写真
徳丸 篤史

写　真
六川 則夫、徳丸 篤史、
Getty Images

ブックデザイン
野口 佳大